114 Stratégies, Tactiques, Et Exercices En Tennis

JOSEPH CORREA

DROITS D'AUTEUR

Publié par Correa Media Group Tous les droits sont réservés.ISBN 978-1-941525-17-3

La reproduction partielle ou totale, de ce livre est strictement interdite sans autorisation écrite de son éditeur, sauf pour de Brèves citations utilisées pour donner des avis concernant ce livre.

La distribution de ce livre par Internet ou par tout autre moyen sans l'autorisation expresse de l'éditeur et l'auteur est strictement interdite et illégale et fait objet à une poursuite judiciaire.Seul l'achat des éditions de ce livre est autorisé.

S'il vous plaît demander l'avis de votre médecin avant toute application de nos recommendations inclus dans le livre.

Vous pouvez visiter le site internet de l'auteur sur http://www.tennisvideostore.com

INTRODUCTION

La préparation et le tactique que vous devez choisir avant chaque match jouent un rôle très important dans les compétitions de tennis. Le savoir d' appliquer ces stratégies et ces idées peux vous aider à gagner plus de matches contre des adversaires plus forts que vous.
Ces stratégies et ces idées vous permettront d'optimiser trois choses :

1 Être prêt à un genre spécifique d' adversaire.
2 Savoir quelle contre-stratégie peut être efficacement utilisé.
3 Comment appliquer ces stratégies en fonction de vos capacités de jeu.
Ce livre de stratégies et préparations pour les matchs de tennis est un livre de poche qui doit être conservé dans votre sac de tennis ou votre endroit le plus préféré pour qu'il soit vite consulté avant chaque matche, ce qui vous permet de choisir la stratégie la plus approprié contre votre adversaire .

À PROPOS DE L'AUTEUR

Bonjour, je m'appel joseph correa, je suis formateur et enseignant du tennis depuis plus de 15 ans. J'ai été joueur professionnel de tennis pendant plusieurs années, mais maintenant, je suis un entraîneur professionnel certifié USPTR.

Durant des années de compétition et de formation dans le milieu du Tennis professionnels et entouré de personnels comptés parmis les meilleur du monde du tennis, j'ai réalisé que la plupart des joueurs peuvent bien réussir les compétitions en s'appuyant seulement sur une bonne formation physique, et psychique.

Pour cela j'ai pour vous une édition composée de DVD et de livres basés sur des techniques prouvées scientifiquement, des exercices et des stages primordials, qui doivent être appliqués en pas à pas pour bien atteindre vos objectifs.Grâce à ces supports pédagogiques, j'ai aidé des centaines de joueurs de tennis amateurs et professionnels a atteindre des résultats physiques et psychiques de plus en plus progressifs, ce qui a améliorer a courte terme, leurs rendement et leurs efficacité dans le terrain.

Ces formations théoriques mais également pratiques vont vous guidez dans les raccourci de la réussite et le gloire en tennis, amusez vous bien, et n'oublier pas de partager ces leçons et ces idées avec vos proches.

Et pour en savoir plus sur les différentes leçons de mes livres et DVD, allez à : www.tennisvideostore.com
D'autres livres seront réalisés avec des exercices et des techniques plus avancés.

Joseph

Bonne chance.

TABLE DES MATIÈRES

Introduction
A Propos De L'auteur

Chapitre 1 : Contre Un Jeu De Base
1 Comment Battre Un Joueur Qui Prefère La Ligne De Fond
2   Que Faire Contre Un Joueur Qui Précipite Au Filet ?
3   Que Faire Contre Le Joueur Qui Opte La Contre Attaque ?
4   Comment Battre Les Joueurs Fort En Service Et En Volée ?
5   Comment Faire Contre Le Joueur Parfait ?
6   Comment Surmonter Le Lobbeur ?
7   Comment Battre Le Jour Provocateur «Pushers» ?
Chapitre 2 Contre Un Jeu Avancé :
8 Que Faire Contre Un Joueur Qui S'appuie Sur Un Puissant Lift ?
9   Comment Battre Le Joueur Qui S'appuie Sur Le Slice ?
10   Comment Retourner Un Service Puissant ?
11   Comment Rendre Les Coups Amortis ?
12   Comment Surmonter Le Joueur Qui Cour Beaucoup ?
13 Comment Jouer Contre Un Bon Joueur Des Coups Droits ?
14   Que Faire Contre Un Joueur Qui Frappe La Balle Plus Fort ?
Chapitre 3 Contre Un Jeu Inhabituel
15   Comment Battre Un Joueur Qui Crie Souvent ?
16 Comment Battre Le Joueur Lent ?

17 Comment Surmonter Un Joueur Rapide ?
18 Comment Battre Le Favori De La Foule ?
19 Comment Jouer Contre Des Joueurs Qui Favorise Les Angles Courtes ?
20 Comment Contrer Coups Profonds Et Elevés ?
21 Comment Surmonter Les Revers Elevés ?
22 Comment Battre Le Joueur A Multi-Coups ?

Chapitre 4 : Strategies Mentales
23 Comment Surmonter Les Nerfs ?
24 Comment Surmonter Le Stress Dans Un Match ?
25 Comment Rester Concentré Jusqu'à La Fin ?
26 Que Penser Lors De Changements ?
27 Que Penser Avant Un Match ?
28 Que Penser De La Nuit Avant Un Match ?
29 Que Faire Lorsque Vous Etes Entrain De Perdre ?
30 Que Faire Quand Vous Etes Entrain De Gagner ?
31 Que Faire Quand Vous Avez Une Balle De Match ?
32 Que Faire Après Avoir Faire Une Double Faute ?

Chapitre 5 : Tactiques Mentales
33 Connaître Votre Adversaire :
34 Les Matchs Se Terminerons Quand Ils Seront Terminés :
35 " Préparez-Vous Au Succès " :
36 . " Gardez Un Visage De Poker ":
37 . " Cachez Vos Faiblesses , Exploiter Les Siens ":
38 . «Celui Qui A La Dernière Balle Dedans, Gagne ":
39 . " Soyez Fidèle A Vous-Même ":
40 . «Celui Qui Frappe En Premier , Frappe Deux Fois ":
41 . " Soyez Un Simulateur Pour Gagner " :
42 . " Faire Tomber Des Murs " :
43 . " Apprenez De Chaque Match " :
44 . « Acquérir Des Connaissances " :

45 . «Connaître Les Règles " :
46 . " Construisez Votre Echiquier " :
47 . « Trouver Le Modèle » :
48 . " Un Pion Fait Echec Et Mat Au Roi " :
49 . " Construire Une Base " :
50 . " Ne Faites Pas Gâter Ce Que Vous Avez Fait De Bien " :
51 . " Le Mental Est Aussi Important ":
52 . " Les Cadeaux Pour Les Anniversaires Seulement "
53 . " Avoir Le Coeur D'un Lion " :
54 . " Choisissez Votre Arme " :
55 . "La Perfection Par Imitation " :
56 . " Le Trèfle A Quatre Feuilles " :
57 . " Humour Pour Les Braves " :
58 . " Allez Où La Partie Doit Etre"
59 . "Des Simples Etapes Pour Faire D' Autres Plus Complexe " :
60 . «Le Deuxième Service : Peut Bien Vous Servir » :

Chapitre 6 : Exercices D'entraînement Des Coups Basiques
61 Frappe Coups Droits Croisé En Dessus Du Corde :
62 Frappe Revers Croisé En Dessus Du Corde
63 Frappes Coups Droits En Dessus Du Corde Et En Dessous De La Ligne
64 Frappes Revers En Dessus Du Corde Et En Dessous De La Ligne :
65 Frappes En Dessus Du Corde En Alternant Coups Droits Croisé Et Revers Croisé :
66 Frappes En Dessus Du Corde Et En Dessous De La Ligne En Alternant Coups Droits Et Revers :
67 Frappes Coups Droits Croisé En Dessous Du Corde :
68 Frappes Revers Croisé En Dessous Du Corde :

69 Frappes Coups Droits En Dessous Du Corde :
70 Frappes Revers En Dessous Du Corde :
71 Frappes En Dessous Du Corde En Alternant Coups Droits Croisé Et Revers Croisé :
72 Frappes En Dessous Du Corde En Alternant Coups Droits Et Revers :

Chapitre 7 Exercices D' Enchaînement De Coups En Dessus Du Corde

73 Enchaînement En Dessus Du Corde De 20 Coups Droits Croisés Successive :
74 Enchaînement En Dessus Du Corde De 20 Revers Croisés Successive :
75 Enchaînement En Dessus Du Corde De 20 Coups Alternés Coups Droits Revers En Dessous De La Ligne :
76 Enchaînement En Dessus Du Corde De 20 Coups Alternés Revers Coups Droits En Dessous De La Ligne :
77 Enchaînement En Dessus Du Corde De 20 Coups, Un Des Joueur Frappe Croisé Tandis Que L'autre Frappe Des Coups En Dessous De La Ligne :
78 Enchaînement En Dessus Du Corde De 20 Coups, Un Des Joueur Frappe En Dessous De La Ligne Tandis Que L'autre Frappe De Coups Croisés :

En Dessous Du Corde

79 Enchaînement En Dessous Du Corde De 20 Coups Droits Croisés Successive :
80 Enchaînement En Dessous Du Corde De 20 Revers Croisés Successive :
81 Enchaînement En Dessous Du Corde De 20 Frappes Alternés En Dessous De La Ligne Coups Droits Vers Revers :
82 Enchaînement En Dessous Du Corde De 20 Coups En Dessous De La Ligne Alternés Revers Vers Coups Droits :

83 Enchaînement En Dessous Du Corde De 20 Revers Croisés Et Slicés :

84 Enchaînement En Dessous Du Corde De 20 Coups, Un Des Joueur Frappe Croisé Tandis Que L'autre Frappe Des Coups En Dessous De La Ligne Seulement Pour Créer Des Figures 8 :

85 Enchaînement En Dessous Du Corde De 20 Coups, Un Des Joueur Frappe En Dessous De La Ligne Tandis Que L'autre Frappe De Coups Croisés Pour Créer La Figure 8 :

Exercices En Dessous Et En Dessus Du Corde :

86 Un Joueur Frappe Coup Droit En Dessus Du Corde Pendant Que L'autre Frappe Un Coup Droit Croisé En Dessous Du Corde :

87 Un Joueur Frappe Revers En Dessus Du Corde Pendant Que L'autre Frappe Un Revers Croisé En Dessous Du Corde :

88 Un Joueur Frappe Coup Droit En Dessus Du Corde Pendant Que L'autre Frappe Un Revers En Dessous Du Corde Et En Dessous De La Ligne :

89 Un Joueur Frappe Revers Lifté En Dessus Du Corde Pendant Que L'autre Frappe Un Coup Droit En Dessous Du Corde Et En Dessous De La Ligne :

90 Un Joueur Frappe Revers Lifté En Dessus Du Corde Pendant Que L'autre Frappe Un Revers Croisé Et Slicé En Dessous Du Corde :

91 Un Joueur Frappe Coup Droit Lifté En Dessus Du Corde Pendant Que L'autre Frappe Un Coup Droit Croisé En Dessous Du Corde Dans La Zone Extérieure :

Chpitre 8   Exercice De Points

92   Jusqu'à 10 Points En Dessus De La Corde Et Sans Service :

93   Jusqu'à 10 Points En Dessous De La Corde Et Sans

Service :
94   Jusqu'à 10 Points Où Un Joueur Peut Frappez Juste En Dessus Du Corde Et L'autre En Dessous Seulement Et Sans Service :
95   Jusqu'à 10 Points Avec Service Et En Dessus Du Corde (Le Service Va Toujours En Dessous Du Corde Sauf Quand Vous Frappez Lifté Ou Un Kick Service)
96   Jusqu'à 10 Points Avec Service Et En Dessous Du Corde (Le Service Va Toujours En Dessous Du Corde Sauf Quand Vous Frappez Lifté Ou Un Kick Service)

Chpitre 9   Exercice De Jeu Points Normal Sans Corde

97 Jusqu'à 10 Points Sans Service Et Seulement Des Coups Droits Croisés
98 Jusqu'à 10 Points Sans Service Et Seulement Des Revers Croisés
99 Jusqu'à 10 Points Sans Service Et Seulement Des Revers Retourner En Coups Droits Et En Dessous De La Ligne
100 Jusqu'à 10 Points Sans Service Et Seulement Des Coups Droit Retourner En Revers
101   Jusqu'à 10 Points Avec Service Et Seulement Des Coups Droits Croisé :
102 Jusqu'à 10 Points Avec Service Et Seulement Des Revers Croisé :
103 Jusqu'à 10 Points Avec Service Et Seulement Revers En Coup Droit En Dessous De La Ligne :
104 Jusqu'à 10 Points Avec Service Et Seulement Des Coups Droits En Revers Et En Dessous De La Ligne :
105 Jusqu'à 10 Points Sans Service Où Un Joueur Frappe Seulement Coups Croisés Et L'autre Frappe En Dessous De La Ligne :
106 Jusqu'à 10 Points Sans Service Où Un Joueur Frappe Seulement En Dessous De La Ligne Et L'autre

Frappe En Coups Croisés :
107 Jusqu'à 10 Points Avec Service Où L'un Des Joueur Frappe Coups Croisés Seulement Et L Autre Joueur Frappe En Dessous De La Ligne :
108 Jusqu'à 10 Points Avec Service Où L'un Des Joueur Frappe En Dessous De La Ligne Seulement Et L Autre Joueur Frappe En Coups Croisés
109 Jusqu'à 10 Points Sans Service Selon Un Jeu Normal Sans Aucune Restriction :
110 Jusqu'à 10 Points Avec Service Selon Un Jeu Normal Sans Aucune Restriction :
111 Jouez Une Manche Complète Avec Service Où Vous Frappez Seulement Coups Croisés Et L'autre Joueur Frappe Seulement En Dessous De La Ligne :
112   Jouez Une Manche Complète Avec Service Où Vous Frappez Seulement En Dessous De La Ligne Et L'autre Joueur Frappe Seulement Coups Croisés :
113   Jouez Une Manche Complète En Choisissant Les Restrictions Que Vous Désirer
114   Jouez Un Match Complet En Choisissant Les Restrictions Que Vous Désirer
Voulez Vous Me Faire Une Faveur ?
Autres Titres Par Joseph Correa

CHAPITRE 1 : CONTRE UN JEU BASIQUE (les règles fondamentales)

1 COMMENT BATTRE UN JOUEUR QUI PREFÈRE LA LIGNE DE FOND

PROBLÈME :
Un bon joueur de ligne de fond, est à l'aise à cette ligne et préfère ne pas monter au filet, pour ce là, la meilleure stratégie serait de le faire monter au filet en s'appuyant sur des coups défensifs où il sera dans une mauvaise situation et va probablement abandonné ce coup ou tout simplement rater une volée facile .

SOLUTION :
Une des meilleures manières de vaincre ce type de joueurs est de les amener au fil en s'appuyant sur l'un de ces coups :
- Un coup court a effet rétro ou (short slice)
- Un coup amorti (drop shot)
- Un coup court et lifté (short topspin)
- Un coup angle courte (short angle) .

Si vous optez un slice, l'adversaire sera obligé de venir au filet et si le coup est très court, il devrait quitter la ligne de fond et se précipiter pour essayer une reprise de volée ou un coup au-dessus .

Si vous frappez un coup amorti ou (drop shot), vous ne laissez aucun choix à votre adversaire qui devra se présenter au filet pour intervenir à l'intérieur des carrés de services.

Si votre choix est un coup court et lifté (short topspin), il ne sera pas obligé de venir au filet seulement, mais il sera dans une très mauvaise position dans le terrain si il ne le fait pas, et vous pouvez alors profiter de son mauvais positionnement en frappant la balle tout simplement derrière lui.

Si vous frappez avec une courte angle (short angle),là

aussi il sera dans une très mauvaise position si il ne couvre pas en essayant de venir au filet.
Si vous avez une bonne frappe, alors il faut frapper en volée ou simplement se précipiter au filet pour le surprendre et avoir a chaque fois des erreurs qui signifient des points gratuits.

2 QUE FAIRE CONTRE UN JOUEUR QUI PRÉCIPITE AU FILET ?

PROBLÈME :
Ce type de joueur, préfère toujours précipité au filet en deuxième service, en coups faibles et en coups courtes. Ses meilleurs coups sont probablement le volée et les coups au dessus. Mais il précipite aussi bien au filet après son service. Il gagne des points les plus souvent en mettant ses adversaires sous pression près des filets, ce qui les forcent a commettre des erreurs et des mauvais décisions.

SOLUTION :
Les meilleurs SOLUTIONs sont celles qui force ce genre de joueur de rester au niveau de la ligne de fond dès le premier service,bien sur on diminuant un peut la force du premier service, ce qui garde la balle à l'intérieur de la case.Aussi frappez des lifts (topspin) profonds pour le laisser loin des filets. Mais au cas où il atteint les filets, vous devez :
- Faire une passe vers la limite de la ligne
- Faire une passe vers l'autre bout du terrain
- Faire une passe à courte angle
- Lobez la balle avec une frappe plat, lifté ou slicé sur son coté revers
- Frapper la balle directement sur son corps pour le le ralentir et le garder hors de sa garde.

3 QUE FAIRE CONTRE LE JOUEUR QUI PREFÈRE LA CONTRE ATTAQUE

PROBLÈME:

Celui là, n'est pas le genre a prendre l'initiative du jeu, il attend toujours votre décision et par la suite votre frappe. Si vous monter aux filets, il va vous faire une longue passe, si vous attaquez en frappant fort la balle il va utiliser cette force pour ouvrir le jeu dans tous le terrain. Ce type est un grand PROBLÈME si vous ne savez pas exactement ce que vous devez faire tant que vous jouez plus rapide et plus fort, ça ne fait que l'arrangé. Y a que une bonne stratégie concise qui pourra vous aidez a le battre.

SOLUTION :

Pour battre le joueur à contre attaque , vous devez comprendre que la plupart du temps, si vous voulez attaquer , vous devez vous assurer que vous avez un plan à l'avance, que vous pouvez mettre en pratique pendant le jeu. Quelques exemples :
- Servir un coup large, et après frappez dans la cour ouverte
- Frappez dans la cour ouverte et après suivez votre coup à l'intérieur vers les filets pour mettre votre adversaire en pression et fermez le jeu.
-Frappez un coup court pour le forcer a prendre l'initiative de monter aux filets.

4 COMMENT BATTRE LES JOUEURS FORTS EN SERVICE ET EN VOLÉE

PROBLÈME :
Les joueurs qui s'appuient sur leurs services et leurs volées sont très rapides et décisifs, lorsqu'ils ont l'occasion de fermer un jeu, ils ne ratent souvent pas cette occasion. Ils peuvent servir très fort et ou avec effet et après ils suivent directement aux filets.

SOLUTION :
La meilleur stratégie contre ce genre de jeu est de ralentir ces joueurs et les stoppés quand ils rentrent dedans. Les 3 meilleurs SOLUTIONs seront :

- Retournez leurs services vers leurs pieds pour les obligés à faire des demi-volées
- Retournez leurs services vers leurs corps afin quils vous donne l'occasion de faire un volée; A vrai dire, c'est pas une bonne idée pour les ralentir mais ça marchera bien si vous n'arrivez pas a les battre par d'autres moyens.
- Lobez les, seulement retournez la balle plus haut et profonde et retrouvez votre positionnement au cas où ils essayent un coup fort au dessus dans l'air, parce que si vous lobez beaucoup plus, ils auront l'opportunité de s'arrêter complètement et tire prendre le temps de bien au dessus, mais ce n'est pas tout le temps facile à le faire surtout quand y a du vent, au midi, y a trop de soleil qui gène leurs yeux ou bien dans la nuit où ils peuvent pas bien évaluer les distances.

5 COMMENT FAIRE CONTRE LE JOUEUR PARFAIT

PROBLÈME :

Le joueur parfait peut perfectionner tous les stratégies ; Service et volée, la contre attaque, être rapide pour joindre les filets, patient et consistant derrière. Tous les joueurs travail dur pour avoir le profil parfait de sorte qu'ils ne laisse pas des faiblesses profitable par les adversaires.

SOLUTION:

Le joueur parfait est toujours bon sur tout les plans mais cela ne signifie pas qu'ils n'ont pas des faiblesses. Concentrez vous sur ce qu'il ne perfectionne pas et essayez le plus possible de jouer sur ces points faibles. Par exemple : si il a un faible revers et que vous avez un puissant coup droit, il faut que vous frappez vers son revers pour retourner par la suite un coup droit puissant, continuez a mettre la pression sur son revers jusqu'à que vous aurais l'occasion de monter au filets ou de mettre la balle loin de lui. Comme ça vous le forcer a jouer en suivant votre meilleur style de jeu.

6 COMMENT SURMONTER LE LOBBUER

PROBLÈME:
Un jour qui lob ou frappe toujours la balle en haut peut être très difficile de jouer contre lui parfois même il vous désespère et vous force à perdre votre patience, quand vous attaquez, il ralentit le jeu avec les lobs, quand vous remonter au filets vous savais déjà que vous aller frapper au dessus.

SOLUTION:
Votre adversaire vous surmonte largement en pourcentage de frappe, et vous ne voulais pas perdre le match, le meilleur plan sera de le faire sortir de sa confortable position dans le terrain vers une autre où ça sera difficile pour lui de frapper des lobs. Et cela peut être réalisable en frappant la balle dans des courtes angles où il sera obligé de sortir de la cour arrière et les cotés, ce qui rend la réalisation d'un lob puissant beaucoup plus difficile car la distance de la zone arrière est court par rapport si il se tenais derrière la ligne de base.

Une autre façon de gêner ce genre de joueur est simplement de le faire remonter au filets en frappant des coups amortis (drop shots), une fois aux filets vous pouvez alors frappez une volée ou un coup au dessus mais non pas un lob!

Également, des coups courts et slicés peuvent être efficace tant que le lob retourné ne sera pas assez puissant seulement mais il sera un mauvais coup et par la suite vous pouvez frappez la balle juste derrière votre adversaire.

La dernière option contre un lobbeur sera de frapper la balle dans l'air, de tel sorte que la balle ne rebondit jamais et cela peut être efficace si vous êtes debout à l'intérieur de la ligne de base et que vous préférez balancer les balles en l'air .

7 COMMENT BATTRE LE JOUEUR PROVOCATEUR «pushers»

PROBLÈME :

Le joueur provocateur qui n'attaque généralement pas pendant le match, est un joueur qui réussis toujours a ne pas commettre des fautes, il vous attend a les commettre, ce qui crée une pression de plus sur vous.

SOLUTION:

Ce genre de joueur, doit être forcer a commettre des fautes, une des meilleures façons de le pousser à le faire , c'est en l' amenant au filets avec un coup amorti 'drop shot' ou un coup court et puis tout simplement les rendre une volée ou un coup au dessus, ce qui est généralement le jeu défavorable pour lui, puis qu'il préfère rester en zone arrière et garder la balle en un jeu régulier. Si vous perfectionner le jeu au niveau des filets, vous pouvez attaquez à ce niveau en frappant des coups courts et rapides qui par la suite force l'adversaire de faire une simple passe ou un lob. C'est deux stratégies sont très efficace contre ce style de jeu.

CHAPITRE 2 CONTRE UN JEU AVANCÉ :

8 QUE FAIRE CONTRE UN JOUEUR QUI S'APPUIE SUR UN PUISSANT LIFT :

PROBLÈME:

Le jeu lifté puissant devient de plus en plus populaire aujourd'hui. Habituellement, la balle rebondit rapidement vers le haut ce qui rend difficile d'attaquer ou d'entrer vers le filet. Elle va soit vous forcer à reculer pour faire une passe soit avancer pour frapper la balle juste après quelle rebondit.

SOLUTION:

Vous pouvez faire plusieurs choses pour contre attaquer les balles liftées et puissantes :

1 Vous pouvez simplement reculer et frapper la balle dans une position confortable, de cette façon vous n'êtes pas obligé a sauter en hauteur et frapper la balle au dessus ce qui est très difficile à atteindre pour beaucoup des joueurs.

2 Vous pouvez frapper la balle tant qu' elle n'est pas montée et qu'elle ne soit pas trop élevé. cela nécessite plus de compétence , mais il peut être efficace si vous pouvez garder votre adversaire se précipite selon vos retours rapides en hauteur .

9 COMMENT BATTRE LE JOUEUR QUI S'APPUIE SUR LE SLICE:

PROBLÈME:
Certains joueurs de tennis jouent seulement des coups slicé parce qu'ils le font avec succès ou ils ne savent peut être pas frapper d'autres types de coups et selon tel jeu, la balle sera lente et basse ce qui rend la stratégie d'attaque très difficile pour qu'elle soit réalisée.

SOLUTION:
Être patient au long terme sera le moyen efficace contre ce type de joueurs, l'astuce est de ne pas frapper en force ces bas coups slicés, essayez de les frappés en bas tout en avançant. La meilleur façon de les amenés à manquer leurs frappe est soit de les envoyés loin puis vous fermez le filet quand ils frappent en retour un slice, soit de mixer des liftés bas et des liftés haut jusqu'à qu'ils ne retrouvent plus l'angle correcte et par la suite leurs coup sera soit trop faible et la balle sera dans le filet soit trop fort et alors sera à l'extérieur.

10 COMMENT RETOURNER UN SERVICE PUISSANT

PROBLÈME:
Les joueurs qui ont un service puissant sont des adversaires coriaces en raison de la vitesse à laquelle la balle vient vers vous . Elle vient trop vite et trop fort et sans avertissement.

SOLUTION:
Gardez un court élan en arrière et déplacez vos pieds avant que la balle vient . Bien faire l'étape de split lors de l' impact de la raquette sur la balle pour améliorer votre temps de réaction. Apprenez à utiliser la puissance de votre adversaire par un simple renvoi bien placée de la balle . Plusieurs fois vous remarqué que vous n'avez pas besoin de frapper la balle plus fort pour qu'il soit un bon retour de service et c'est la chose la plus importante à retenir . Déplacez vos pieds , gardez vos yeux sur la balle , prendre un court élan en arrière , et aller en l'avant quand vous frapper la balle pour réussir un renvoi plus efficace .

11 COMMENT RENDRE LES COUPS AMORTIS:

PROBLÈME :

Les coups amortis sont des bons armes à avoir car ils ne nécessitent pas de force . Rappelez-vous que la distance de l'autre côté de la cour est plus courte que la distance vers le filet . Quand vous frappez un coup amorti vous faite que votre adversaire coure une distance plus longue

SOLUTION :

Le meilleur renvoi d' un coup amorti est tout simplement de remettre un coup amorti . De cette façon, vous aurais la chance de ne pas être passer ou lobé ou même se visé. Et comme ça vous obligez l'adversaire à une course en avant suivant un coup qu' ils ne s'attendaient pas . Le deuxième coup que vous pouvez frapper contre un retour amorti est un coup profond sur le côté retour le plus faible de votre adversaire, puis attendre simplement de frapper une volée ou au-dessus . Si vous voulez réduire la fréquence des coups amortis en retour de votre adversaire, vous pouvez frapper la balle fort dans la profondeur ou garder la balle très haut et profond . Ainsi, il sera beaucoup plus difficile pour lui de frapper un coup amorti .

12 COMMENT SURMONTER LE JOUEUR QUI COUR BEAUCOUP:

PROBLÈME:

Les joueurs coureurs sont des adversaires difficiles parce qu'ils ne donnent pas des occasions et ils obtiennent des passes en retour dans le jeu . Certains joueurs gagnent leurs matchs avec la vitesse absolue . Ils chassent balle après balle jusqu'à ce que leurs adversaires finissent par manquer leurs coups .

SOLUTION:

Les coureurs ont toujours un coup plus faible . Il pourrait être leur revers, coup droit , service, volée , ou les coups au dessus. Trouvez ce faible coup et commencer à attaquer cette faiblesse. Vous devez comprendre que leur plus grande force est leur vitesse de sorte que vous devez vous concentrer sur ce qu'ils font pire même si cela signifie ne pas frapper des coups gagnants. Vous devez être patient et de les provoquer à faire des erreurs avec leur faible coup . Insister et soyez persistant jusqu'à ce qu'ils commencent à faire des erreurs avec cette faiblesse et ne s' écartez pas de ce plan. Vous serez tenté de finir le jeu, mais il faut toujours coller ce plan au lieu de laisser votre adversaire faire son mieux en suivant toutes les balles. Pour battre ces types de joueurs attaquez leurs faiblesses et non leur vitesse parce que en jouant leurs vitesse sera par la suite plus difficiles à gagner les points. Rester dans ce plan et soyez persistant .

13 COMMENT JOUER CONTRE UN BON JOUEUR DES COUPS DROITS:

PROBLÈME:

Les joueurs qui ont des puissants coups droits sont fréquents dans le tennis puisque tout le monde doit avoir cet arme afin de gagner plus de points , leur coup droit est leur coup le plus fort. Les coups droits puissants d'aujourd'hui sont devenus une nécessité pour gagner les points raison pour la quelle les joueurs travaillent dur pour que leurs coups droits deviennent plus rapides et plus forts, ce qui signifie que la balle doit aller plus vite et plus puissante dans les passes.

SOLUTION:

Les coups droits forts sont puissant tant qu'ils sont frappés dans leur zone adéquate , ce qui est normalement entre les genoux et la hauteur des épaules . Si vous pouvez les forcés à frapper des coups en dessous de la hauteur de leurs genoux et au-dessus de la hauteur de leurs épaules , les chances feront que leurs coups droits ne seront pas assez puissants . Essayez de frapper des coups faibles slicés en retour de leurs coups droits ou des coups haut et liftés pour réduire la force qu'ils peuvent produire.

14 QUE FAIRE CONTRE UN JOUEUR QUI FRAPPE LA BALLE PLUS FORT:

PROBLÈME:
Ces joureurs accablent leurs adversaires avec leurs deux bras et peuvent remporter souvent les points de départ avec un puissant service. Ils gagnent des points en frappant simplement plus que les autres .

SOLUTION:
Vous avez besoin de ralentir ces gros frappeurs avec quelques coups qui ralentissent la vitesse de la balle comme : slices lents , slices dans les cotés , haut lifté , balles profondes , des amortis et des angles courts . Ces joueurs détestent les changements dans la vitesse de balle , car il les oblige à ajuster leurs coups dans la profondeur ou en hauteur ce qui ralentis la vitesse de la balle. Après un certain temps ces changements de vitesse, de rotation, et de hauteur fait que les gros frappeurs ralentirent leurs coups pour réduire leurs erreurs . Et quand vous savez que vous les avez fait sortir de leurs plan de jeu habituel vous pouvez commencer à gagner plus de points.

CHAPITRE 3 CONTRE UN JEU INHABITUEL

15 COMMENT BATTRE UN JOUEUR QUI CRIE SOUVENT:

PROBLÈME:
Ce genre peut être bruyant et distrayant. Il crie à chaque fois il a frappé la balle et va augmenter le volume de sa crie en fonction de la longueur du jeu , l'importance du jeu ou selon son état de fatigue .

SOLUTION:
Apprendre à se concentrer sur les aspects les plus importants de votre jeu comme la respiration et le jeu de jambes . Se concentrer trop sur ce que votre adversaire fait vous distrait et vous éloigne de jouer votre meilleur tennis. Trouvez des choses qui pourra vous aider à se concentrer plus entre les jeux comme : la fixation de vos chaînes , attacher vos chaînes de chaussures si elles ne sont pas liés ou lâche , essuyer lorsque vous êtes en sueur . Si c'est trop de distraction pour vous , il suffit de crier aussi.

16 COMMENT BATTRE LE JOUEUR LENT:

PROBLÈME:
Les joueurs qui intentionnellement ralenti entre les jeux et les changements sont entrain de cherché à contrôler le temps du match, Certains joueurs ont besoin de jouer rapidement afin de maintenir leur rythme tandis que d'autres ne se dérangent pas de jouer plus lent . Ralentir un match quand vous perdez est une grande stratégie car il vous donne plus de temps pour corriger les erreurs que vous faites et revenir sur la piste . Par contre quand quelqu'un fait cela contre vous, il peut être difficile de trouver votre jeu à nouveau.

SOLUTION:
Concentrez-vous sur ce que vous devez faire . Ne pas tomber dans leur piège en retardant le match . Il suffit de se tenir prêt à chaque fois et de leur montrer que vous êtes prêt à jouer.

17 COMMENT SURMONTER UN JOUEUR RAPIDE:

PROBLÈME:

Certains joueurs aiment se précipiter entre les jeux , ne permettant pas à leurs adversaires de prendre leur temps et pensent que par la suite cela va vous provoquer à comettre plus d'erreurs si vous n'êtes pas habitué à ce genre de situation. Ils prennent généralement de courtes pauses d'eau et commencent toujours à servir avant que vous arriver à la ligne de base pour retourner le service.

SOLUTION:

Quand quelqu'un précipite constamment le jeu , le meilleur plan sera tout simplement de ralentir au niveau où vous vous sentez confortable et que vous êtes sures de ne pas faire des erreurs en raison d'être pressés.
Certaines des meilleures façons d'y parvenir sont :
Boire de l'eau potable et de respirer lentement au cours de changements de jeu .
Mettre votre serviette sur le dos ou le côté entre les deux jeux et se sécher doucement pour ralentir le jeu.
Lier vos chaînes de chaussures avant de servir ou avant de retourner un service.
La fixation de vos cordes de raquettes avant de servir ou avant de retourner un service.

18 COMMENT BATTRE LE FAVORI DE LA FOULE :

PROBLÈME:

Les joueurs préférés de la foule peuvent être bien encourager pendant les jeux. Certains des spectateurs et des membres de la famille peuvent crier très fort et intense entre les jeux ce qui rend difficile pour quiconque de se concentrer sur le match . Ils applaudissent quand vous perdez un point et pendant des jeux importants .

SOLUTION:

Les favoris de la foule sont des adversaires difficiles quand ils gagnent , mais les choses deviennent très calme quand ils perdent . Concentrez-vous sur le début du match pour rester au top . Plus calme et efficace que vous serez , le moins de bruit que vous entendrez de la foule . Certains de leurs fans , membres de la famille et d'autres gens vont tout simplement quitter le match ce qui signifie moins de distraction pour vous et par la suite des meilleurs résultats . Si vous êtes le genre de joueur qui bénéficie effectivement d' avoir une foule contre vous , tout en rivalisant , alors je vous recommande toujours que vous commencez à gagner et de continuer à rester sur le dessus jusqu'à ce que le match est terminé . Favoris de la foule ne sont que des favoris quand ils sont en train de gagner ou au moins avoir une chance de gagner , mais si vous pouvez prouver qu'ils n'ont aucune chance , vous aurez alors un match beaucoup plus facile .

19 COMMENT JOUER CONTRE DES JOUEURS QUI FAVORISE LES ANGLES COURTES:

PROBLÈME :

Les courtes angles sont grandes armes à avoir parce qu'ils obligent les joueurs à descendre de la ligne de base à l'intérieur de la cour ou les côtés . Cela ouvre toute la cour pour votre adversaire et pratiquement leur permet d'avoir presque le contrôle total du jeu .

SOLUTION :

La meilleure façon de contrer un tir en angle courte est de faire une des trois choses :

Suivez la balle au filet et couper l' angle qu' il venait de créer .

Retournez une angle croisé et reculez au milieu de la cour .

Frapper un coup amorti juste en face de vous pour amener votre adversaire au filet , puis couvrir le milieu de la cour pour bloquer toute possibilité d'un passe .

20 COMMENT CONTRER LES COUPS PROFONDS ET ÉLEVÉS:

PROBLÈME:
Coups élevés profondes , si fait régulièrement , provoquent de nombreuses erreurs de la plupart des joueurs de tennis . Ils vous poussent essentiellement loin derrière la ligne de base et ils vous obligent à frapper en réduisant la force que vous pouvez générer sur votre prochain coup . Même quand elles sont faites avec ou sans le lift , ils représentent toujours une menace et nécessitent une bonne contre-attaque .

SOLUTION:
Coups élevés profondes peuvent être contrés dans un certain nombre de façons .

Vous pouvez revenir en arrière et remettre un autre coup profond haut et voir comment votre adversaire réagit à ce plan.

Vous pouvez frapper à la hausse dès que la balle rebondit
Vous pouvez couper la balle pour la gardé basse et courte .

Outre la lutte contre leurs coups profonds élevés, vous pouvez aussi les empêcher de frapper ce type de coups par:
Frapper faible en angle courte .
Frappez la balle en l'air en appuyant sur une reprise de volée ou un balancement volée de sorte que vous faite atterrir la balle au profond .

Slicez des coups faibles et courts qui forcent l'adversaire à entrer dans la cour et lui rendre beaucoup plus difficile de frapper avec précision un autre coup profond élevé .

21 COMMENT SURMONTER LES REVERS ÉLEVÉS:

PROBLÈME:
Les revers élevés sont parmis les coups les plus gênants pour la plupart des joueurs , surtout si vous avez un revers à une main . Ils nécessitent plus de force pour ramener la balle dans la cour et ils ne sont normalement pas ceux à les retournés des coups haut .

SOLUTION:
Vous pouvez surmonter les revers élevés de trois façons : Vous pouvez courir derrière ce revers et frapper un coup droit .

Vous pouvez frapper votre revers à la hausse avant qu'il ne devient un revers élevé .

Vous pouvez revenir en arrière aussi loin que nécessaire pour frapper un mi-élevé ou faible revers de nouveau .

22 COMMENT BATTRE LE JOUEUR À MULTI-COUPS:

PROBLÈME :

Les joueurs multi-coups frappent des balles peu orthodoxes avec des effets difficiles et généralement pas très bonne technique mais ils obtiennent la balle à l'intérieur et ne permettent pas facilement d'attaquer après leurs coups. Certains des coups ils peuvent s'appuyer sur sont : coups slice , slice dans le coté ,lifté à côté, et les coups amortis qui rebondissent et reviennent au filet et aussi des coups touchés .

SOLUTION :

Quand vous ne savez pas à quoi s'attendre , la meilleure SOLUTION est de rester sur vos orteils et être prêt à frapper tous les types de coups . Assurez-vous que vous serais près de la balle comme elle peut se déplacer d'une manière inhabituelle . Si vous n'êtes pas à l'aise avec la façon dont la balle rebondit , attaquer vers le filet où vous frappez la balle en l'air et ne pas avoir se soucier de la façon dont la balle rebondit .

CHAPITRE 4 STRATÉGIES MENTALES:

23 COMMENT SURMONTER LES NERFS:

PROBLÈME:

Être nerveux lors d'un match de tennis est une réaction naturelle . La chose importante est de ne pas laisser vos nerfs gênent votre performance . Parfois être trop nerveux vous rend immobile pendant des jeux importants et par la suite vous serez obligé à faire des erreurs stupides ou d'augmenter la chances de rater des coups faciles.

SOLUTION:

Il y a un certain nombre de façons de surmonter les nerfs . Voici quelques-uns qui fonctionnent très bien pour la plupart des joueurs de tennis :

Déplacez vos pieds . Plusieurs fois lorsque vous êtes nerveux , vous arrêtez de bouger vos pieds ce qui augmente vos erreurs . Déplacer vos pieds plus et plus rapide vous aidera à répondre à mieux la balle et vous détendre pendant le jeu .

Respirez pendant l'entré et la sortie du jeu . L'entré sera quand la balle vient vers vous et la sortie sera au moment de l'impact avec la balle. Mais aussi quand vous ne jouez pas où elle est encore plus important de respirer profondément pour détendre vos muscles ce qui vous aide à rester concentrer sur votre stratégie à la place de ce que vous ressentez .

Réduire votre niveau d'intensité . Essayez la pensée positive de ce que vous envisagez de faire pendant le jeu et en respirant profondément et lentement pour diminuer votre rythme cardiaque .

24 COMMENT SURMONTER LE STRESS DANS UN MATCH:

PROBLÈME:

Le stress est un autre facteur naturel qui se produit lorsque vous vous sentez sous pression de la situation du jeu ou par des facteurs extérieures telles que la famille , les amis , être en retard , oubliant certains équipements de tennis ou les conditions météorologiques , etc

SOLUTION:

Pour surmonter le stress , vous devez comprendre ce qui a fait ce stress en premier lieu . Si vous êtes en retard pour votre match , vous devez vous assurer de prendre votre temps et ne pas se précipiter . Vous ne pouvez pas rattraper le temps perdu en allant plus vite . Cela fait plus de promouvoir des coups manqués qu'autre chose. Si vous êtes stressé à propos de la météo et de sentir qu'il pourrait commencer à pleuvoir, vous devriez vous concentrer sur un seul jeu à la fois et de laisser le temps faire ce qu'il va faire , peu importe ce qui se passe dans le match . Si c'est un membre de la famille , c'est la cause du stress , vous devriez essayer de concentrer votre attention sur votre match et les empêcher de votre esprit si elles vous affectent négativement . Vous pouvez aussi leur demander de rester calme pendant le match ou tout simplement de partir et revenir après que le match est terminé. Les Membres de la famille veulent que vous réussissiez mais le stress du match peut être trop pour eux . Concentrez-vous sur ce qui est a la cause du stress et de le résoudre de sorte que vous pouvez vous concentrer sur la victoire.

25 COMMENT RESTER CONCENTRÉ JUSQU'À LA FIN:

PROBLÈME:
Rester concentré dans votre match jusqu'à la fin n'est pas une tâche facile car il exige beaucoup de travail . Certaines personnes commencent bien , mais finir terriblement à cause d'un manque de concentration. D'autres ne se concentrent pas assez longtemps pour fermer un jeu ou une manche .

SOLUTION:
Rester concentré pendant tout le match nécessite un certain nombre d' astuces .

Vous devez avoir des rappels visuels qui vous aideront à garder votre esprit sur ce qui est plus important pour vous dans le match ou ce vous aide à gagner plus de jeu. Une des meilleures façons de le faire est d'avoir des notes écrites sur un morceau de papier que vous pouvez jetez un coup d' oeil au cours des changements . De cette façon, vous gardez souvenir de ce que vous devez faire . Notez sur un autocollant deux ou trois choses importantes qui vous aideront à rester concentré sur votre jeu et placer l'autocollant sur un endroit sûr, sur votre raquette où il ne tombera pas . L' intérieur du col d'une raquette de tennis est un bon endroit pour mettre un autocollant . Le manche d'une raquette de tennis est situé entre la poignée et les cordes.

26 QUE PENSER LORS DE CHANGEMENT:

PROBLÈME:

Changer - overs sont l'un des moments les plus sous-utilisées à penser lors d'un match de tennis . Que devez-vous penser ? Vous êtes fatigué et assoiffé , alors pourquoi devriez-vous penser à quelque chose? Eh bien, le temps de changement est le meilleur moment pour faire ce qui est le plus important dans le tennis et c'est-à-penser pour trouver des SOLUTIONs aux PROBLÈMEs que vous rencontrez dans le match et finalement réussir.

SOLUTION:

Au cours de changement , vous devez penser à ce qui vous fait gagner des points et ce qui vous fait perdre des points . Si vous ne gagnez pas de points, vous devez comprendre pourquoi.

Peut-être que votre adversaire prend le contrôle du jeu de départ et vous oblige à frapper des revers et ne vous permet pas d'utiliser votre coup droit qui pourrait être votre coup gagnant .

Peut-être que vous n'avez pas bouger vos pieds assez et doivent commencer à se concentrer sur ce point. Peut-être que vous êtes fatigué et que vous voulez gagner plus vite, mais vous ne savez pas comment , mais lors du passage vous réalisez que vous avez besoin d'être plus agressif et attaquer le filet plus ou frapper plus de coups amortis .

Peut-être que votre adversaire ne fait pas quelque chose de spécial et vous êtes le seul qui fait toutes les erreurs . Vous vous rendez compte et c'est ici que vous décidez que vous devez commencer à garder la balle en jeu plus ou forcer votre adversaire à faire plus d'erreurs .

27 QUE PENSER AVANT UN MATCH:

PROBLÈME:
Avant le match , il est important de penser à certaines choses pour préparer votre plan d'attaque , mais il faut savoir que penser, fait une grande différence quand il s'agit de gagner ou de perdre .

SOLUTION:
Oui , pendant le match , vous devez faire votre mieux de ne pas trop penser , mais c'est avant le match et pendant la préparation que vous devez certainement penser de ce que vous allez faire au moment du match de sorte que vous serais en " auto pilote " pendant le match et simplement exécuter ce que vous avais pensiez . Vous devriez penser à ce que vous devez faire le plus en succès .

Cela pourrait inclure :
Déplacer vos pieds .
Lançant la balle haut sur votre service .
Donner suite à vos coups de fond .
Garder vos yeux sur la balle .
Pas se précipiter lors des jeux.
Attaquer les faiblesses de votre adversaire dès le début .
Attaquer vos adversaires en « deuxième service» .
De ne pas laisser l'environnement vous distraire .

28 QUE PENSER LA NUIT AVANT UN MATCH:

PROBLÈME:
La nuit avant le match vous devriez vous reposer et ne penser qu'à des choses que vous aurez le contrôle sur . Ne vous inquiétez pas par des choses qui ne vous bénéficier en aucune façon comme la pluie , le vent , etc Assurez-vous que votre corps et votre esprit se reposent bien la nuit avant le match et que vous n'allez pas commencer une nouvelle journée de fatigue ou de faiblesse .

SOLUTION:
La nuit avant le match , vous devriez pratiquer la visualisation de la façon dont vous voulez jouer le lendemain .

Vous pouvez imaginer des stratégies spécifiques que vous souhaitez effectuer tels que :
Les slices et l'attaque au filet .
Frapper des coups haut lifté au revers de votre adversaire ou son côté le plus faible .
Après avoir croisé les longs échanges .
D'autres choses que vous pourriez visualiser la veille pourraient être:
Vous voir pourchasser des coups difficiles d'un coin à l'autre .
Debout confiant de après retourner un service.
Lançant la balle fièrement avant de servir.
Être motivé et énergique entre les deux points.

29 QUE FAIRE LORSQUE VOUS ÊTES ENTAIN DE PERDRE :

PROBLÈME:
Lorsque vous êtes entrain de perdre vos jeux, vous commencez à vous douter et commencer à se sentir que vous ne pourrez pas gagner le match . Il faut savoir comment faire pour changer des choses qui sont à la fois physique et émotionnelle.

SOLUTION:
Lorsque vous perdez une manche, vous devez comprendre que la clé est de savoir vous perdez des points et où vous les gagnés.

Si vous rater beaucoup de coups hauts et c'est ce que votre adversaire si vous obligeant à frapper la plupart du temps , alors vous devriez essayer de remonter au filet plus et réduire la la fréquence des coups hauts que vous frappez dans la cour arrière .

Si vous perdez les longs échanges parce que votre niveau de forme physique n'est pas aussi fort que votre adversaire , vous devez trouver un moyen de points clés courtes . Vous pouvez mettre votre adversaire au filet plus souvent ou aller pour plus de coups gagnants .

30 QUE FAIRE QUAND VOUS ÊTES ENTRAIN DE GAGNER :

PROBLÈME:

Si vous avez gagné la première manche, vous avez un avantage émotionnel et psychologique sur le match qui pèse lourd . Que devez-vous faire dans la deuxième manche pour gagner le match ?

SOLUTION:

Après avoir remporté la première manche, vous savez que votre adversaire va faire plus d'efforts pour revenir au score. En outre, vous savez que vous êtes près de la ligne d'arrivée puisque vous avez déjà terminé la moitié de la course .

La clé est de faire ces 3 choses :
Continuez à faire ce que vous avez fait jusqu'à gagner les jeux . Modifier une stratégie gagnante n'est pas le bon plan à ce stade . Ne pas faire des changements folles en étant moins agressif ou plus agressif .

Faire un effort supplémentaire pour les 3 premiers jeux du match afin que vous commencez avec une très bonne avance . Cela démoralise l'adversaire et fait de tel sorte que le reste du match sera plus facile . 3-0 ou 2-0 ou 4-0 sont tous de très bons départs à un second ensemble . Assurez-vous de rester au-dessus du score jusqu'à le match se termine et à ne pas laisser votre adversaire même envisager qu'il a une chance de gagner le match parce que si vous ne le faites pas , vous aurez certainement le regret plus tard .

31 QUE FAIRE QUAND VOUS AVEZ UNE BALLE DE MATCH:

PROBLÈME :
La balle de match peut être visualisé de différentes façons . Avoir la bonne approche fait toute la différence . Être trop confiant ou vous douter sont à la fois des réactions très négatives communes mais à une balle de match . Ce que devez vous faire ?

SOLUTION :
La balle de match est la plus grande opportunité dans un match pour gagner . Assurez-vous que vous ne pensez pas trop pendant la balle de match . Gardez les choses simples . Quel que soit ce que vous a fait gagner pendant le match doit être répété au cours sans aucun doute et doit se faire avec précision. Si vous êtes nerveux , il suffit de respirer et bouger vos pieds jusqu'à que vous vous débarrasser de la nervosité. Ne pas regarder autour ou laissez-vous distraire .
Rappelez-vous : bâton avec le plan original !

32 QUE FAIRE APRÈS AVOIR PURGÉ UNE DOUBLE FAUTE:

PROBLÈME:
Les Doubles fautes se reflètent en vous, émotionnelement et psychologiquement. Ils sont normaux et peuvent vous arriver lors d'un match plusieurs fois même si vous ne les faites pas trop souvent. La différence réside dans ce que vous faites et ce que vous penser à faire après avoir commettre une double faute pour corriger la situation.

SOLUTION:
Concentrez-vous sur ce que vous devez faire pour obtenir votre service dedans, le Deuxième service exige un degré élevé de contrôle parce que c'est votre dernière chance d'obtenir la balle dedans, il ne faut pas ajouter de pression par vous-même ou être nerveux.

Assurez-vous de suivre ces 5 étapes pour commettre moins de double faute:
Soyez sélectif avec vos lancers. Ne pas frapper votre service comme tirage au sort. Prenez votre temps pour servir en succès.

Ne laissez pas votre motion de servir en précipitant le lancement.

Rebondir le ballon au moins 4 fois avant de servir ce qui vous permet de ralentir et ne pas se précipiter a servir. Suivez votre balancement.

Gardez votre menton et la tête au moment de l'impact avec la balle de sorte que vous pouvez garder vos yeux sur la balle le plus longtemps possible.

CHAPITRE 5 : TACTIQUES MENTALES

33 CONNAÎTRE VOTRE ADVERSAIRE:

Connaître vos adversaires avant les matchs est extrêmement important. Ils ont probablement déjà su plus sur vous que vous ne pouvez imaginer et Si c'est le cas , vous devriez faire le tour et poser des questions sur le joueur que vous allez jouer contre . Vous pouvez demander à des amis , anciens adversaires , coéquipiers , n'importe qui peut donner des informations sur votre adversaire . Cette information est seulement utile avant le début du match , après vous aurez apprendre le reste sur le terrain . Même si votre adversaire ne cherchais pas au propos de votre style de jeu, il faut le faire toujours.

Il y a deux principales raisons pour lesquelles il est bénéfique pour repérer votre adversaire : La première est parce que vous serez en mesure d'analyser ses forces et ses faiblesses, ce qui vous permet de décider quelle stratégie fonctionnera le mieux dans le match . La deuxième raison est que vous aurez le temps de répéter le match dans votre esprit avant même d'entrer au terrain de tennis . Un autre mot également utilisé pour ce genre de pratique mentale est « La visualisation» . Vous pouvez pratiquer les coups et les stratégies que vous souhaitez utiliser , dans votre esprit et ça va vous aider a ne pas être fatiguer physiquement lors du match .

Le tennis de haut gamme dépend fortement de cette pratique . Beaucoup de gens font des rêves sur leur match et comment ils vont jouer et ne réalisent pas qu'ils ont visualisés leur match. Quand vous savez comment votre adversaire joue , ce qu'ils aiment et n'aiment pas faire, leurs capacités mentales et physiques , vous pouvez générer un plan de match très précis . Les Capacités mentales signifient juste comment leurs forces mental orientent leurs jeu. Les Capacités physiques signifie la façon dont ils ont préparés à rivaliser physiquement . Peut-être votre adversaire vous espionne et sait comment vous jouer. Il a l'avantage sur vous si vous ne faite pas la même chose. La meilleure chose que vous pouvez faire avant un match commence est être préparé . Apprenez à connaître votre adversaire .

34 LES MATCHS SE TERMINERONS QUAND ILS SERONT TERMINÉS:

Les matchs de tennis deviennent souvent des compétitions où les deux joueurs sont en attente de voir ce que l'autre va donner en premier . Heureusement pour vous un match peut être gagné , même si vous êtes à un point de perdre . Beaucoup de gens ont gagné après avoir été en retard de 6 / 0   6 / 0   0-40 . C'est ce qui rend le tennis très compétitive . Vous devez être concentré jusqu'à la fin du match .

La confiance en soi a un grand rôle dans la compétition , car un concurrent mentalement faible peut être en avance dans un match , puis le perdre. D'autres fois, il peut être dans le match et ne pas faire un effort pour revenir ou au moins avoir un esprit compétitive jusqu'à la fin de la rencontre . Beaucoup de joueurs ont appris à ne pas laisser les dernières circonstances affectent leurs matches d' une manière négative . Un bon joueur va se battre jusqu'à la fin car il peut revenir et gagner le match malgré le score . Autres bons compétiteurs, ces ceux qui savent comment ne pas laisser l'adversaire revenir dans le match et enfin en finir avec eux . Finition d'un match et revenir au score sont quelques-unes des choses les plus difficiles à accomplir dans n'importe quel niveau de jeu . Assurez-vous de vous rappeler que " le match se terminera , quand il sera terminé " afin que vous puissiez devenir un concurrent redouté par les autres et connu pour votre persévérance .

APPLICATION
Avec votre partenaire, jouez une partie de tennis en commençant chaque manche avec un 4/0 ou 5/0 et essayez de revenir au score et gagner la partie. Alternez avec votre partenaire d' entraînement après chaque match jouer, Vous devez jouer de nombreux partie pour s'habituer à cette mentalité .

35 "PRÉPAREZ-VOUS AU SUCCÈS":

Le succès vient à ceux qui sont prêts pour et comme dans la vie ça doit être votre mentalité sur le terrain de tennis . Certains joueurs mettent leurs vêtements , casquette et prennent quelques balles et une raquette , et au terrain ils frappent seulement quelques couple de balles . Beaucoup de gens n'ont que quelques minutes pour se préparer à une séance d'entraînement ou un match et leur comportement semblent tout à fait raisonnable pour le court laps de temps qui est à leur disposition.

Mais , prenons une autre approche de la préparation . Faire d'abord une liste des besoins en matériel et cochez toutes les choses que vous devez avoir au terrain . Quand vous avez ce qui est primordial vous serez préparer mentalement pour la compétition et par la suite vous obtenez un bon échauffement . Ceci est juste un aperçu général d'un plan de préparation de base qui compte toutes les choses de base dont vous aurez besoin sur le terrain avant d'entrer.

Ce ne sont que quelques-uns, vous pouvez ajouter d'autres choses si vous le souhaitez. Certaines de ces choses peut sembler idiot, mais vous ne savez jamais comment vous vous sentirez désespéré lorsque vous ne les avez pas . Protégez-vous d'avoir de mauvais moments , par avoir les bons outils pour votre travail . Ne soyez pas trop fier pour demander à quelqu'un de l'aide , même votre adversaire . Nous avons tous été dans ces situations douloureuses et de savoir comment il se sent.

Maintenant que vous avez votre équipement prêt , mettez votre esprit sur la tâche à accomplir . Certaines personnes aiment visualiser , d'autres s' encouragent en parlant à eux-mêmes, et beaucoup d'autres écoutent de la musique pour se détendre . Certains aiment à regarder le tennis à la télévision ou sur le terrain . Tout le monde a une approche différente de se préparer pour un match et obtenir une meilleur préparation mentale . C'est une partie très importante de l'entraînement pour un match . C'est une tache a Ne pas prendre à la légère .

Si vous voulez jouer au tennis pour de nombreuses années , optez un bon échauffement avant chaque entraînement et chaque match . Vous ne pouvez pas imaginer les avantages de l'échauffement correct . Commencez par quelques étirements , ce qui va rendre vos muscles à devenir élastique . Ensuite, faire du jogging pendant quelques minutes . Vous pouvez faire du jogging dans le même endroit ou dans une certaine zone , aussi longtemps que vous obtenez votre corps échauffé . Après cela, faire un peu de mini-tennis en s' éloignant progressivement du filet jusqu'à ce que vous arrivez à la zone arrière où vous pouvez augmenter lentement la vitesse de la balle .

36 . " GARDEZ UN VISAGE DE POKER ":

On est tous d'accord que certains des meilleurs joueurs de poker dans le monde sont ceux qui peuvent garder le même visage , lorsqu'elles sont servis de bonnes ou de mauvaises cartes . Cela peut sembler étrange pour certains à croire mais c'est particulièrement vrai dans le tennis. Avez-vous remarqué comment les joueurs les plus difficiles à battre à garder un visage impassible aux émotions ou le changement dans leurs gestes ? Cela peut être frustrant pour les gens qui aiment voir leurs adversaires se lamenter et jettent leurs raquettes quand ils fonctionnent mal ou quand ils perdent un point crucial . Les joueurs de visage de poker sont des concurrents difficiles parce qu'ils ne transmettent pas leurs véritables sentiments sur le terrain . Même lorsqu' ils désespèrent pour gagner, ils préfèrent montrer la concentration et le calme . Ne pensez pas qu'ils n'ont pas d'émotions ? Si, mais ils les ont juste cachés pour le moment . Essayez cette approche pour devenir un meilleur joueur . Peut-être que vous effectuez mieux quand vous montrez vos émotions et c'est très bien , mais pour quelqu'un qui veut essayer quelque chose de nouveau , c'est un bon début . Vous pouvez changer la façon dont vous percevez le tennis. De grandes choses peuvent se produire lorsque vous vous concentrez sur la tâche à accomplir et lorsque vous êtes calme et impassible , vous améliorez considérablement votre concentration . Gardez un visage de poker lorsque vous jouez pour voir qui est bluffant et qui a vraiment ce qu'il faut pour gagner .

37 . " CACHEZ VOS FAIBLESSES, EXPLOITEZ LES SIENS ":

Avez-vous remarqué comment certains joueurs semblent être parfait sur le terrain ? Pourquoi personne n'a perturber leur manière de jouer ? Peut-être qu'ils sont bon à cacher leurs jeu aux autres, des Choses qui ne veulent pas que vous sachiez , comme une faiblesse ? Si vous ne connaissez pas leur faiblesse , où allez-vous attaquer ? Dans un match, un joueur est désavantagé quand il ne sait pas la faiblesse de l'adversaire .

Avant le début du match , essayez de savoir les faiblesses de votre adversaire et comprenez comment vous pouvez les exploiter. Demandez à d'autres joueurs et amis s'ils connaissent cette personne . Vous pouvez même regarder sur Internet sous le nom de ces joueurs et de voir quelles sont les informations utiles pour vous . Si personne ne connaît cette adversaire, trouvez vous-même ses faiblesses au début du match . Frappez à leurs coups droits , leurs revers . Après cela, mélanger des coups de hauteur et des coups lifté ou a effet. Vous finirez par trouver quelque chose qu'ils font plus faible que le reste de leur jeu.

Par exemple , quand vous avez un revers faible, apprenez à courir juste après votre revers et frappez un coup droit . Un autre exemple pourrait être si votre faiblesse est votre mauvaise condition physique et vous ne voulez pas des longs échanges à partir de la ligne de base, dans ce cas, il est préférable d' attaquer le filet ou garder les jeux courts. De cette façon, vous cachez vos faiblesses et vous exploiter les siens .

APPLICATION
Demandez à votre partenaire d'entraînement d' attaquer votre faiblesse avec ses bon coups . Au début, vous

serais mal à l'aise , mais cela vous aidera à surmonter ces situations dans un match . Ensuite , inversez la pratique avec votre partenaire, c à d, vous jouez sur ses faiblesses en utilisant vos meilleurs coups, cela vous donnera une meilleure compréhension de la façon dont vos meilleurs coups sont exécutés et les améliorations nécessaires que vous devez travailler sur. Et cela Vous apprendra à jouer la défense et l'attaque.

38 . «CELUI QUI FRAPPE LE DERNIER COUP DEDANS, GAGNE ":

Il y a certains philosophies doit être appliquées par rapport à comment le tennis doit être jouée. Le plus simple possible est " celui qui obtient la dernière balle dedans , gagne" . Lorsque la balle va au filet ou en dehors des lignes du jeu , vous perdez le point . Et quand vous gardez la balle , vous gagnez . Cela peut sembler très élémentaire , mais quelques-unes des choses les plus difficiles à accomplir sont parfois ceux élémentaires .

APPLICATION
Pour atteindre cette loi , pratiquer la cohérence . Obtenez 10 balles régulièrement au dessus des filets et dedans les lignes de jeu et Lorsque vous avez terminé 10 , s'efforcer à 20 . Décidez de ce que votre objectif sera et s'efforcer d' obtenir. Par exemple , mon objectif pour ce mois-ci est d'obtenir au moins 100 balles avec mon partenaire . Lorsque cela a été réalisé , vous pouvez commencer à être spécifique à la zone , la hauteur et l'effet avec laquelle vous frappez .

39. " SOYEZ FIDÈLE À VOUS-MÊME ":

Dans des matchs serrés , nous recevons tous l'envie d'appeler une balle quand il est près de la ligne . Avez-vous entendu parler du proverbe « en cas de doute , appelez -le " ? Bien sûr, cela n'est pas éthique ou correcte . Ne laissez pas la pression du moment que vous vous soyez un joueur injuste . Si c'est un appel à proximité et vous n'êtes pas sûr à ce sujet , répéter le point . C'est la bonne chose à faire . Vous économisez beaucoup de temps et des discussions animées . Soyez fidèle à vous-même. Appelez la balle comme vous la voyez . Vous vous sentirez beaucoup mieux dans votre peau et être respecté par les autres .

APPLICATION
Regarder un match et essayer d'appeler la balle dedans ou dehors dans votre tête , mais pas à haute voix . De cette façon , vous pratiquerez ce plans le plus souvent , même lorsque vous ne jouez pas. Après un certain temps , vous saurez instinctivement si une balle est bonne ou mauvaise .

40 «CELUI QUI ATTAQUE EN PREMIER, FRAPPE DEUX FOIS ":

Â chaque fois que vous attaquez à un jeu et que vous serez en avance, vous aurez des meilleures options pour finir le jeu . En d'autres termes , lorsque vous attaquez , vous serez en mesure de continuer à être offensant (la plupart du temps) . Ne pas attendre que les choses arrivent . Faite votre mieux pour être celui qui mène au score. Apprenez à être proactive et non réactive . Une personne proactive agit à l'avance pour faire face à une difficulté prévu. Une personne réactif répond à un stimulus . En tennis réagir à des choses qui arrivent sur le terrain est normal . Lorsque vous apprenez à être proactif , vos chances de gagner augmentent de plus en plus . Prenez le contrôle du jeu menez en premier afin que vous pouvez frapper deux fois.

41. " SOYEZ UN SIMULATEUR POUR GAGNER " :

Beaucoup de gens et dans des situations de pression, pensent qu'ils n'ont pas la confiance ou le courage de gagner un match . Pourquoi ne pas devenir un acteur sur le terrain de tennis et jouer le rôle du joueur confiant ou courageux ? . Simulez et vous gagnerez plus souvent que vous ne le pensez. Choisissez la façon dont vous voulez être vu dedans et dehors du terrain . Puis agir comme la personne que vous voulez être. Vous vous sentirez un peu bizarre au début , mais vous pouvez s'habituer à ça avec un peu de pratique . Certaines personnes ne comprennent pas l'importance de l'image que vous exercez dans le terrain .

Un exemple de cela pourrait être si vous avez joué à un très long premier jeu et vous êtes très fatigué . Votre adversaire se penche également fatigué , mais vous pouvez se comporter d' une manière énergique et positif . Leurs faire croire que vous pouvez le faire pendant encore deux manches . Cela peut être très démoralisant pour tout le monde. Ils prendront un coup d' oeil à vous et remarquent qu'ils n'ont aucune chance (même si dedans vous vous sentez tout aussi fatigué) . Votre adversaire décide qu'il ne peut pas gérer une deuxième manche avec quelqu'un qui ne semble pas se lasser et choisit de renoncer . Être un bluffeur va sûrement améliorer vos chances de gagner . Tous les acteurs travaillent très dur pour parfaire leur image . Ils savent que leur succès dépend de cela. Peut-être que vous ne gagnerez pas un "Oscar" pour votre performance , mais vous gagner beaucoup plus de matches .

42. " FAIRE TOMBER LES MURS ":

Chaque joueur de tennis a son propre château pour se protéger les murs s'opposent aux ennemis pour ne pas être briser , Mais si ces murs sont faiblement construits , il ya très peu d'espoir pour que ce château persiste. Les murs de certains joueur de tennis sont leur services ou leurs coups droits . D'autres ont la vitesse ou la patience comme murs . Lorsque vous briser le mur d'un joueur et que vous avez une porte ouverte, attaquez alors ces coups les plus faibles . Apprenez à " abattre les murs " et vous gagnerez beaucoup de batailles .

APPLICATION
Demandez à votre partenaire d'entraînement qu' il jouent agressivement et prenez la défense . En d'autres termes , votre partenaire d'entraînement va attaquer et essaye de finir le jeu alors que vous vous garder la balle en jeu en attente qu'il manque son coup. Une fois chaqu' un de vous deux à améliorer son niveau Maintenant, vous devenez le joueur agressif et lui devient le joueur défensif . De cette façon, vous apprendrez à faire tomber ces murs et de faire progresser à partir des territoires faibles. N'oubliez pas que vous travaillez vers le désarmement de vos adversaires d'une manière ou d'une autre .

43 . " APPRENEZ DE CHAQUE MATCH ":

Les erreurs sont justifiées lorsque vous apprenez comment les corrigés . Ne pas prendre l'habitude de faire des fautes directes et ne jamais apprendre comment les corrigés . Cela vous sous estimera dans les match de compétition . La meilleure façon de visualiser les fautes directes est aussi un processus d'apprentissage qui prendra du temps et de la patience. Gardez la fixation et la correction tout au long de vos entraînements et vos matchs et cela va rendre votre niveau de tennis en évolution positive continu . Chaque match nous dit quelque chose . C'est un moment d'éveil où nous devons ouvrir les yeux et voir ce que nous devons faire . et donc, beaucoup de savoir peut être accumulée par l'expérience. Écrire ce que vous avez fait de positif comme du négatif après chaque match et le lire avant chaque match vous permet de restez en évolution progressive.

prenez cette exemple de journal et remplissez le après chaque match :

DATE :
ADVERSAIRE :
TOURNOI :
ÉVALUEZ-VOUS ENTRE 1-10 :
(10 étant votre meilleure performance)
CE QUE J'AI FAIT DE POSITIF DANS LE MATCH :
CE QUE J'AI FAIT DE NEGATIF DANS LE MATCH :
CE QUE J'AI APPRIS :
CE QUE JE DOIT FAIRE POUR APPLIQUER CE QUE J'AI APPRIS :

Plusieurs fois, nous n'apprenons pas de nos erreurs parce que nous ne sommes pas rappelé de ces erreurs . Rappelez-vous de toutes les petites choses que vous devez faire pour continuer à améliorer et à obtenir vos objectifs . Pour cela lisez vos journaux au moins une fois en semaine et avant chaque match.

44 . « ACQUÉRIR DES NOUVEAUX CONNAISSANCES " :

Balle de tennis + Raquette + Connaissance = Succès

Soyez modeste et demandez de l'aide . Beaucoup de pro de tennis seront heureux de vous aider si vous les demandez. Gardez à l'esprit que certains sont plus spécialisés dans certains domaines que d'autres. Sachez ce que vous voulez améliorer ou apprendre pour vous aider . Vous gagnerez beaucoup plus de temps à apprendre de leurs erreurs , au lieu de refaire ces même erreurs pendant un match. Et n'oubliez pas aussi que les informations sur les différents sujets sont disponibles dans les livres de tennis , des magazines , des vidéos et sur Internet .

Plus vous maximisez votre savoir plus vous pouvez être créatif dans votre jeu. Vous serez beaucoup mieux à la prise de décisions lorsque vous avez plus d'informations pour décider sur .

45 . «CONNAÎTRE LES RÈGLES ":

Il est très utile de savoir ce que les règles du tennis sont . Certaines personnes ne réalisent pas les avantages que peut être obtenu en connaissant :

Dimensions du terrain
Règles à un adversaire
Règles de Duo
Règles en duo mixte
Raquettes
Balles
Le let
Ordre de servir
Entraînement
Règles de tennis en fauteuil roulant

LE SAVIEZ-VOUS?
Saviez-vous que le filets est un peu court au centre ? Et saviez-vous que lorsque vous jouez dans la zone croisée , vous êtes réellement entrain de frapper un coup fort à pourcentage dedans (Un tir qui aura un pourcentage plus élevé d'aller dedans les lignes .) la distance de la zone croisée est supérieure à la distance en bas de la ligne ? Comme vous pouvez le voir , les règles du tennis peut être très utiles lorsque vous voulez jouer plus pro et plus efficace .

APPLICATION
Obtenir une copie de livre de règles de vos associations de tennis et de regarder au-dessus pour voir combien de nouvelles choses que vous avez appris . Regardez la section sur la le temps que vous avez entre les jeux , les manches et les matchs . Alors profitez de cette connaissance . Préparez vous chronomètre entre les jeux et les changements de côtés afin que vous puissiez

devenir habitué aux courtes périodes de temps que vous aurez en compétition. Aussi entraînez vous à jouer des jeux et ensuite reposez au maximum 30 secondes . Travaillez sur votre condition physique . Cela vous aidera à garder avec le rythme que vous désirez conserver dans un match .

46 . " CONSTRUISEZ VOTRE ÉCHIQUIER" :

Le tennis est comme un échiquier , vous devez mettre les pièces dans les tous bons endroits . Lorsque vous positionnez dans le bon endroit et au bon moment , vous vous retrouvez le coup idéal à frapper . Les choses ne se produisent pas comme vous provisionnez alors Soyez prêt à improviser .

APPLICATION

Tout d'abord, s'attacher à faire tous les coups de base . Lorsque vous avez accompli ce devoir , mélangez différents plans et coups dans différentes situations. Cela vous aidera à construire votre plan de match pour chaque match

Pratique # 1

Alternez les coups lifté et slicé avec votre coup droit . Essayez de ne pas répéter deux fois la même spin . Seul votre partenaire de frappe peut frapper avec le même modèle de spin . Quand vous pouvez faire aussi bien sur le côté coup droit , faire la même chose avec le revers . Puis laissez votre partenaire faire la même chose que vous avez fait.

Pratique # 2

Un joueur frappe croisé tandis que l'autre frappe la ligne des coups droits . Le motif réalisé par les coups doit avoir la forme d' un huit (8) . Lorsque vous avez terminé cette pratique , changer les rôles entre vous .

47 « TROUVER LE MODEÈLE » :

Beaucoup de joueurs ont appris à jouer au tennis d'une manière que peut être souvent prévisible . Ils apprennent à frapper la balle à un endroit encore et encore. Ils apprennent aussi à faire certaines choses dans des jeux spécifiques comme la balle de rencontre ou balle de manche . Si vous apprenez ce que leur modèle est , vous pouvez prédire ce qu'ils vont faire . Lorsque vous apprenez à déchiffrer le motif d'une personne, il ne sera pas en mesure de vous surprendre. Son jeu sera vulnérable de tel sorte que vous saurez où la balle va et ce que vous allez faire pour profiter de cette situation.

Vous n'avez pas besoin d' être un mathématicien pour apprendre à trouver des modèles . Regardez quelques matchs de tennis dans votre quartier ou à la télévision . Essayez de trouver différents modèles de jeu en chaque jeu , manche , ou même dans tout le match .

48 . " UN PION PEUT FAIRE ÉCHEC ET MATT AU ROI ":

Aux échecs, vous vous retrouverez souvent dans des situations où vous devez utiliser vos morceaux les plus faibles pour gagner. En tennis cela arrive souvent . Il est très difficile de se réveiller chaque jour et jouer de votre mieux. De temps en temps , vous jouez un match quand votre tennis est pas à son meilleur et c'est là que ça compte le plus pour faire ressortir le champion en vous. Gagner quand vous effectuez à un niveau inférieur de tennis que vous êtes habitué à est tout un défi , mais c'est là que vous vous séparez du reste . Être victorieux dans le meilleur et le pire des temps .

APPLICATION
Jouer un match où votre partenaire d'entraînement attaque votre faiblesse avec son ou ses coups les plus armés . Pour ce faire, pas plus de quarante-cinq minutes, puis passer . Après que chacun d'entre vous a terminé au moins deux manches , jouer à des points de pratique dans lequel vous pouvez frapper où vous voulez et voir comment vous vous sentez quand vous pouvez revenir avec des bon coups de votre côté le plus faible .

Jouer un match de compétition avec quelqu'un d'autre que votre partenaire d'entraînement . Comparez votre performance à celle des matchs passés où votre faiblesse était la cause de votre perte . Vous remarquerez que vous avez beaucoup plus de confiance dans votre côté le plus faible qu'auparavant . Cela vous aidera à gagner des matches difficiles , même lorsque vous ne jouez pas à votre meilleur niveau. Il existe d'autres techniques qui peuvent être utilisés pour différentes circonstances , mais c'est un bon début.

49 "CONSTRUIRE UNE BASE":

Dans la vie , nous avons habituellement des plans différents pour les mêmes objectifs . Nous avons un plan A et si le plan A ne se passe pas comme prévu , nous utilisons un plan B. Quand le plan B ne se passe pas comme prévu lui aussi, nous utilisons un plan C. C'est ce qu'on appelle la construction d'une base stratégique . En tennis, vous pourriez avoir à changer votre jeu prévu plusieurs fois en une seule partie . Il est important d'avoir une stratégie de base ou d'une stratégie , que nous pensons être la bonne , adapté à l'adversaire que vous jouez contre . Construire une base et quand vous avez fait cela , penser à des stratégies alternatives qui peuvent être utilisées si quelque chose va mal .

Évidemment, vous aurez le plan A qui est votre meilleure stratégie de jeu ou votre jeu est plus à l'aise . Maintenant, vous devez décider quel plan sera votre plan B. Si votre plan est fondé sur les battant gagnants de la ligne de base , votre plan B pourrait être d'attaquer le filet . De cette façon, vous accélérez le rythme de lecture. Enfin , le plan C pourrait bien être de garder la balle en jeu et en attente de votre adversaire à faire des erreurs . Cela va ralentir votre rythme de lecture.

Si quelque chose ne fonctionne pas pour vous , essayez d'aller de votre plan A au plan B. Si le plan B n'est pas la SOLUTION , essayez un plan C. Ayez toujours au moins trois stratégies alternatives que vous pouvez retomber sur , mais d'abord construire Votre base est le plan avec lequel vous commencez à chaque match . Il est généralement celui qui vous a donné les meilleurs résultats dans le passé et que vous vous sentez plus à l'aise .

50 "NE FAITES PAS GÂTER CE QUE VOUS AVEZ FAIT DE MIEUX":

La façon la plus logique de gagner est grâce à l'utilisation de votre (vos) coups arme . Mais lorsque vous utilisez une arme trop souvent votre adversaire devient habitué. Cela devient dangereux pour vous . Il est bon de garder vos adversaires deviner vos coups. Utilisez votre arme , autant que possible , mais mélanger d'autres coups de feu pour les garder hors d'équilibre . Ne vous s'habituer pas à voir le même modèle ou le même coup beaucoup trop souvent . Devenez imprévisible .

APPLICATION

Une bonne façon d'apprendre ou d' améliorer la façon dont vous mélangez vos coups est d'être précis dans votre pratique. Jouer des points avec votre partenaire d'entraînement où aucun d'entre vous ne sont pas autorisés à frapper le même coup deux fois. Dans un premier temps , le faire sans servir. Il suffit de commencer le point avec un tirage au sort . Un exemple pourra être:

Frapper un coup droit:
Puis lifté
Puis slicé
Puis plat
Profondément dans la cour avec lifté
Court dans le terrain et lifté
Profondément dans la cour et slicé
Court dans la cour et slicé
Frapper un revers :
et slicé
et lifté
Plat
Profondément dans la cour avec lifté
Court dans la cour et lifté
Profondément dans la cour et silcé

Court dans la cour et slicé

REMARQUE : Les coups peuvent être répétées aussi longtemps tant qu' ils sont alternées avec autres coups. Vous pouvez le faire aussi simple que vous le souhaitez . Lorsque vous devenez habituez, vous pouvez ajouter autant de coups que vous le souhaitez . Il est préférable de commencer à mélanger deux ou trois prises de vues différentes et ajouter graduellement plus avec le temps.

51 "LE MENTALE EST AUSSI IMPORTANT":

Le tennis commence comme un jeu physique mais il tend vers un jeu plus mentale . Les choses que notre corps physique ne peut pas faire , notre esprit peut les faire à plusieurs reprises. Le pouvoir de l'esprit est inimaginable . Les émotions et les pensées deviennent extrêmement important lorsque nous somme nerveux ou mal à l'aise en compétition. Notre corps va faire les choses , nous nous demandons parfois. «Pourquoi n'ai -je pas lever mon bras un peu plus haut et obtenir la balle au dessus du filet ? » Ce que nous devons retenir, c'est que notre esprit contrôle notre corps et il est juste de faire ce que notre esprit a dit de faire . Les travaux sur le contrôle de vos émotions peuvent devenir de grands alliés en cas de besoin . La concentration est à la base de la concurrence . C'est une grande compétence qui peut être appris avec une certaine pratique . Il est l'un des choses les plus difficiles à maîtriser, mais très précieuse.

52 . " LES CADEAUX POUR LES ANNIVERSAIRES SEULEMENT" :

La plupart d'entre nous savent combien il est important de ne pas abandonner les points dans un match et surtout quand il est serré . Nous donnons souvent des points cadeaux et par la suite nous nous font du mal au long terme .Il faut Réduire les cadeaux et les fautes directes dans la compétition et ne donnez des cadeaux que pour les anniversaires .

APLICATION
Une excellente façon de minimiser les points cadeaux est d'améliorer la consistance . La prochaine fois que vous entrez au terrain de tennis après avoir s'échauffer , il suffit de prendre une balle et de la gardé en jeu avec votre partenaire d'entraînement aussi longtemps que possible . Et habituez vous à garder la balle en jeu dès le premier point . Quand vous pratiquez cela, compter combien de fois vous obtenez la balle dedans sans faute . Lorsque vous avez manqué la première balle après son maintien en jeu pendant un certain temps , choisissez un côté spécifique que vous voulez frapper dedans et faire le même exercice de cohérence . Par exemple : Croisez les coups droits avec liftés . Essayez de garder la balle en jeu aussi longtemps que possible sans manquer et puis notez le nombre de fois le ballon est allé dedans; Pour ce faire, pour chaque côté pratiquez-vous (coup droit et revers) et de le comparer avec votre prochaine jour de pratique . Vous devriez au moins faire avec ces exercices : coup droit croisé , revers croisé , coup droit , revers sur toute la ligne et revers coup droit sur la ligne.

53 "AVOIR LE COEUR DE LION":

Les matchs de tennis et les tournois sont gagnés de plusieurs manières . Certains ont gagné , en ayant une compétence extraordinaire . D'autres ont gagnés , en étant en meilleure condition physique que les autres. La manière spécifiée dans la présente loi est sans doute l'attention le plus important et le moins payé de COEUR . Il a le pouvoir d'apporter notre niveau du tennis au parfait . Il peut vous faire devenir craindre parmi les concurrents . Le plus important de tous , il vous fera victorieux .

54 . " CHOISISSEZ VOTRE ARME":

Lorsque vous commencez à améliorer votre niveau de tennis, vous vous sentirez plus en contrôle. Ce contrôle est le début de votre spécialisation . Tout le monde a quelque chose qu'il fait mieux que le reste . C'est ce qui vous permet de contrôler le jeu par un ou tous ceux-ci: la puissance , le placement , l'effet et la cohérence . C'est ce qu'on appelle «arme» . Le plus vous améliorez votre arme , le plus dangereux que vous allez devenir . Certains joueurs ont un service imprévisible . D'autres ont des coups droits ou revers puissants . Beaucoup gagne avec leur vitesse et leur athlétisme . Trouvez votre arme et renforcer son potentiel en créant une autre arme . De cette façon, vous aurez deux armes et devenir un double menace pour les autres.

55 . "LA PERFECTION PAR IMITATION":

Certains des plus grands artistes de tous les temps ont commencé en imitant leurs peintres préférés , puis a continué à créer leur propre style et leur propre art . Création de votre propre style de jeu est aussi une merveilleuse chose à faire , mais cela pourrait prendre un certain temps . Tennis peut également être imité puis perfectionnée . Rechercher un joueur de tennis professionnel spécifique qui a le style de jeu que vous désirez. Alors lisez sur lui . Regarder leurs matchs à la télévision . Essayez d' imiter tous leurs détails , jusqu'à ce que vous maîtrisez leur style de jeu . Lorsque vous le faites, assurez votre propre style en ajustant jusqu'à ce que vous sentez à l'aise . Rappelez-vous, ne devenez pas une copie d'un autre joueur de tennis , il suffit de prendre ce qu'ils font le mieux et faire mieux .

56 . " LE TRÈFLE À QUATRE FEUILLES":

Trèfles à quatre feuilles , la patte de lapin chanceux , fers à cheval sont toutes des formes de charmes de bonne chance et ils ont tous vous apporter la bonne chance . La chance est importante dans le tennis ? Oui. Pourquoi ? Eh bien, parce qu'il y a seulement des choses que nous ne pouvons pas contrôler , peu importe ce que nous faisons . Pouvons-nous laisser la chance est le facteur décisif dans le résultat de notre match? Non, nous devons améliorer nos chances de faire les bonnes choses comme : préparer correctement pour un match , analyser adversaires , utiliser des stratégies adéquates , être positif et de rester concentré . Ce ne sont que quelques-uns, mais c'est un début . La chance vient à ceux qui le cherche . Ne pas attendre le bon moment ou le bon match à jouer votre véritable potentiel . Faites-le dès maintenant . Commencez avec le tout premier point et continuer jusqu'à la fin du match comme ça vous saurez ce qui correspond et que les points ne sont pas venus sans un travail .

APPLICATION:
Faites votre propre chance et voir les résultats . La meilleure façon de faire votre propre chance à travers l'établissement d'objectifs . Choisissez des objectifs qui peuvent être mesurés . De cette façon vous pouvez voir votre amélioration et décider si des changements doivent être apportés à vos objectifs . Une fois que vous savez vos objectifs décidez comment vous allez les atteindre et écrivez cela dans votre journal. Ensuite, focalisez vous sur des tâches quotidiennes qui vous aideront à atteindre vos objectifs principaux .

Écrivez vos tâches quotidiennes sur une fiche et l'emporter partout où vous allez . Chaque fois que vous êtes sur le point de faire quelque chose demandez-vous : « suis-je entrain de se rapprocher de mon objectif ? " Si ce n'est pas le cas, cesser de le faire . Si c'est le cas, alors vous êtes sur votre chemin vers le succès .

Il s'agit d'un exemple simple:

Votre but peut être : " améliorer le pourcentage de mon premier service à 20 % . "

Maintenant décidez ce que vous devez faire pour rendre cette réalité:

Cherchez un expert pour qu'il evalue votre service .

Pratiquer " X " fois de Services par semaine .

Mettre plus d' effet sur la balle .

Améliorer l' accélération.

Augmenter la force des jambes .

Utilisez les objectifs dans ma pratique

Maintenant transformer ces idées en objectifs quotidiens et les écrire sur une fiche afin que vous puissiez les vérifier plusieurs fois par jour .

57 . " HUMOUR POUR LES BRAVES":

Lorsque vous êtes dans des matchs serrés et les choses ne vont pas comme vous voudriez , vous avez tendance à être paresseux , négatif et insouciant . Comment certains joueurs utilisent ces moments pour se rendre plus fort? La plupart des erreurs d'inattention que vous faites dans les points importants se produisent en raison de la pression que vous ressentez. Une excellente façon de se débarrasser de cette pression est à travers l'humour . Chaque fois que vous faites une erreur rire niais à elle . Vous ne pouvez pas imaginer à quel point vous vous sentirez détendu et comment cela peut influer positivement sur votre jeu . Lorsque vous êtes dans la bonne humeur , la plupart des choses ont tendance à aller dans le sens que vous souhaitez. Oui , vous voulez toujours gagner et encore sentir la pression , mais le sourire ou rire à ces erreurs peut vous laissez compétitif . Lorsque vous êtes compétitif, vous combattez jusqu'à la fin et tout le monde peut le sentir. Ne prenez pas la voie facile de crier et de jeter votre raquette . Vous apprécierez le tennis plus si vous riez aux mauvais moments et de continuer vers les bons.

58 . " ALLEZ OÙ LE JEU DOIT ÊTRE"

Quand vous sentez que la pratique avec vos partenaires de tennis ou dans un certain centre de formation n'est tout simplement pas assez bon, trouvez d' autres alternatives . Si vous n'êtes pas entrain d' améliorer votre niveau de jeu de la façon que vous souhaitez ou que vous voulez, il faut tout simplement entrer en concurrence sur une base régulière , aller là où la partie doit être . En d'autres termes , aller là où vous pouvez vous entraîner comme vous le souhaitez ou aller où vous pouvez rivaliser avec qui vous voulez . Si vous continuez à faire les mêmes choses , vous continuerez à obtenir les mêmes résultats . C'est à vous . Que voulez-vous faire avec votre tennis? Allez là où vous devez être .

59 "DES SIMPLES ÉTAPES POUR FAIRE PLUS COMPLEXE ":

Les vrais champions savent qu'il faut du temps pour devenir un grand joueur. Tout commence avec ces quelques étapes et se poursuit avec plus de petits pas , pas de bond . Tout ce que vous faites vous semblera facile quand vous prenez votre temps . D'abord, vous apprendrez à servir 10 mph . Ensuite, vous apprendrez à aller un peu plus vite , dire 25 mph . Plus tard, vous allez à 50 mph . Enfin, après des étapes initiales successives , vous arrivez à 100 mph . La même chose s'applique dans le tennis. Ne soyez pas frustrés avec de lentes améliorations tant qu'ils sont progressifs . Ces petites améliorations sont la semence pour la croissance future . Vous voulez devenir un géant de tennis ? Alors, prenez des mesures simple vers la réussite .

60 . «LE DEUXIÈME SERVICE : PEUT BIEN VOUS SERVIR:

Le deuxième service peut vous faire ou vous briser en étant un joueur de tennis . Un bon deuxième service vous permet d'obtenir des points faciles ou au moins vous met dans une bonne position pour démarrer le point. Un

CHAPITRE 6 EXERCICES D'ENTRAÎNEMENT DES COUPS BASIQUES

61 FRAPPES COUPS DROITS CROISÉS EN DESSUS DU CORDE (LIGNE MEDIANE SEPARANT PARALLELMENT AU FILETS LES CARÉES DE SERVICE AU RESTE DU TERRAIN) :

Dans cette exercice, vous allez frappez coups droits croisé en utilisant un lift et en dessus du corde de l'autre bout du filet. Les balles seront lancer de l'autre bout du filet par quelqu'un d'autre, assurez vous de travailler sur le contrôle et la précision.

62 FRAPPES REVERS CROISÉ EN DESSUS DU CORDE :

Dans cette exercice, vous allez frappez revers croisé en utilisant un lift et en dessus du corde de l'autre bout du filet. les balles seront lancer de l'autre bout du filet par quelqu'un d'autre, assurez vous de travailler sur le contrôle et la précision.

63 FRAPPES COUPS DROITS EN DESSUS DU CORDE ET EN DESSUS DU CORDE EN DESSOUS DE LA LIGNE:

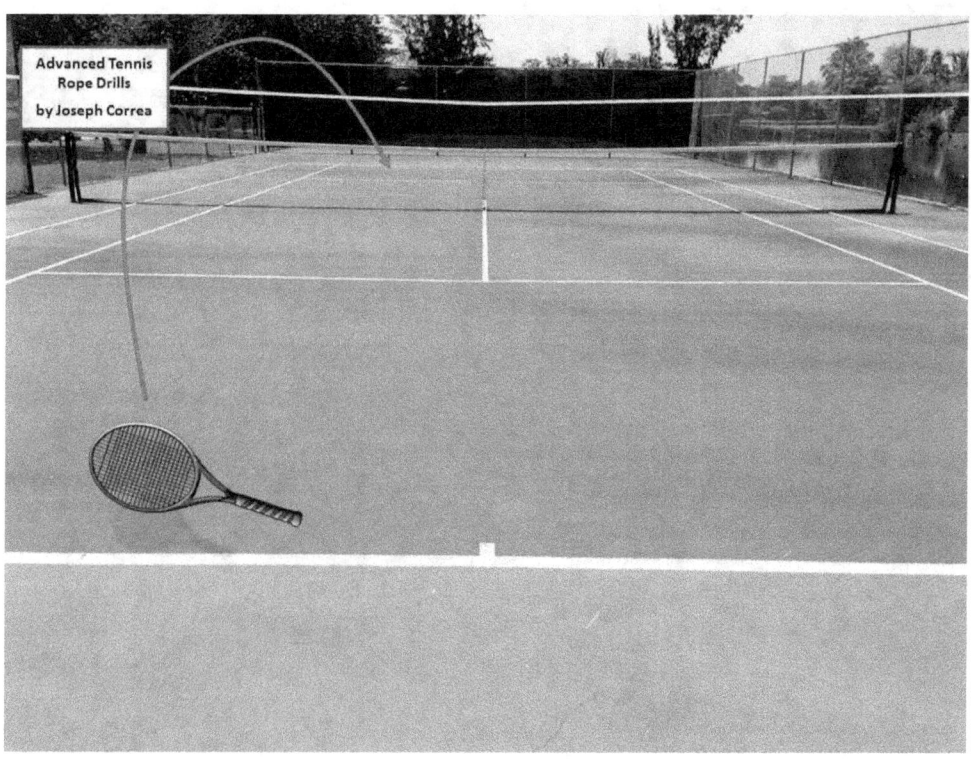

Dans cette exercice, vous allez frappez revers en dessus du corde et en utilisant un effet lift tout en gardant la balle profondément en dessous de la ligne. Assurez vous de bien travailler sur le suivi des coups et l'utilisation de vos pieds pour générer l'effet nécessaire. Cela peut être une très bonne stratégie contre les adversaires qui ont un faible revers ou ont des troubles avec les balles frappées en une hauteur moyenne ou même en hauteur. cette exercice se fait surtout en utilisant un lift.

65 FRAPPES EN DESSUS DU CORDE EN ALTERNANT COUPS DROITS CROISÉS ET REVERS CROISÉS :

Dans cette exercice, vous allez frappez en dessus du corde coups droits croisé en utilisant un lift juste après, vous frappez un revers croisé. assurez vous de toujours garder la balle dedans et aussi sur le suivi des coups et l'utilisation de vos pieds pour générer l'effet nécessaire. Cela peut être des bons coups d'attaque si votre adversaire ne bouge pas assez. Cette exercice se fait surtout en utilisant un lift.

66 FRAPPES EN DESSUS DU CORDE ET EN DESSOUS DE LA LIGNE EN ALTERNANT COUPS DROITS ET REVERS:

Dans cette exercice, vous allez frapper coups droits en dessus de la ligne et juste après vous frappez un revers en arrière de la ligne aussi. Assurez vous de toujours garder la balle dedans et aussi sur le suivi des coups et l'utilisation de vos pieds pour générer l'effet nécessaire. Cela peut être des bons coups d'attaque si votre adversaire ne bouge pas assez. cette exercice se fait surtout en utilisant un lift.

67 FRAPPES COUPS DROITS CROISÉS EN DESSOUS DU CORDE:

Dans cette exercice, vous allez frappez des coups droit croisé en dessous du corde et en utilisant un lift tout en gardant la balle dans la cour. Assurez vous de bien travailler sur le suivi des coups et l'utilisation de vos pieds pour générer l'effet nécessaire. Cela peut être un très bon cou contre les adversaires qui ont un faible revers que vous. Cette exercice se fait surtout en utilisant un lift.

68 FRAPPES REVERS CROISÉS EN DESSOUS DU CORDE:

Dans cette exercice, vous allez frappez des revers croisé en dessous du corde et en utilisant un lift tout en gardant la balle à l'intérieur. Assurez vous de bien travailler sur le suivi des coups et l'utilisation de vos pieds pour générer l'effet nécessaire. Cela peut être un très bon cou contre les adversaires qui ont un faible coup droit que vous. Cette exercice se fait surtout en utilisant un lift.

69 FRAPPES COUPS DROITS EN DESSOUS DU CORDE :

Dans cette exercice, vous allez frappez des coups droit en dessous du corde et en utilisant un lift tout en gardant la balle dans la cour. Assurez vous de bien travailler sur le suivi des coups et l'utilisation de vos pieds pour générer l'effet nécessaire. Cela peut être un très bon coup contre les adversaires qui ont un faible revers que vous. Cette exercice se fait surtout en utilisant un lift.

70 FRAPPES REVERS EN DESSOUS DU CORDE:

Dans cette exercice, vous allez frappez des revers en dessous du corde et en utilisant un lift tout en gardant la balle dans la cour. Assurez vous de bien travailler sur le suivi des coups et l'utilisation de vos pieds pour générer l'effet nécessaire. Cela peut être un très bon cou contre les adversaires qui ont un faible coup droit que vous. cette exercice se fait surtout en utilisant un lift.

71 FRAPPES EN DESSOUS DU CRODE EN ALTERNANT COUPS DROITS CROISÉS ET REVERS CROISÉS:

Dans cette exercice, vous allez frappez coups droits croisé en dessous du corde et juste après vous frappez un revers croisé en dessous du corde aussi. Assurez vous de toujours garder la balle dedans et aussi sur le suivi des coups et l'utilisation de vos pieds pour générer l'effet nécessaire. Cela peut être des bons coups d'attaque si votre adversaire ne bouge pas assez. Cette exercice se fait surtout en utilisant un lift.

72 FRAPPES EN DESSOUS DU CORDE EN ALTERNANT COUPS DROITS ET REVERS:

Dans cette exercice, vous allez frappez coups droits en dessous du corde et juste après vous frappez un revers en dessous du corde aussi. Assurez vous de toujours garder la balle dedans et aussi sur le suivi des coups et l'utilisation de vos pieds pour générer l'effet nécessaire. Cela peut être des bons coups d'attaque si votre adversaire ne bouge pas assez. Cette exercice se fait surtout en utilisant un lift.

CHAPITRE 7 EXERCICES D'ENCHAÎNEMENT DE COUPS EN DESSUS DU CORDE

73 ENCHAÎNEMET EN DESSUS DU CORDE DE 20 COUPS DROITS CROISÉS SUCCESSIVES:

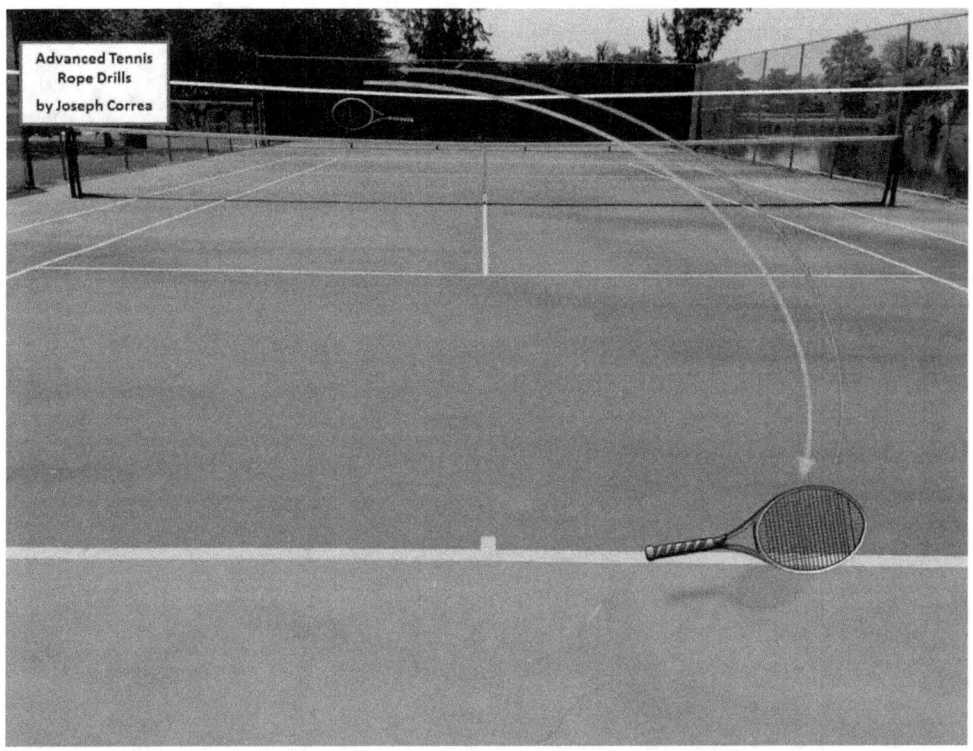

Pour cette exercice vous devez jouer des coups droits croisés en dessus du corde, tout en gardant la balle dedans. Votre entraîneur ou votre ami doit jouer en retour de vos frappes des coups droits croisés aussi. L'objectif est que vous faite 20 coups retour sans échec et si vous ne réussirez pas à enchaîner vous devez recommencer à zéro, il faut continuer jusqu'à avoir faire 20 coups en retour aux frappes de votre entraîneur. Cette exercice s'effectue souvent en utilisant un lift

74 ENCHAÎNEMET EN DESSUS DU CORDE DE 20 REVERS CROISÉS SUCCESSIVES:

Pour cette exercice vous devez jouer des revers croisés en dessus du corde, tout en gardant la balle dedans. Votre entraîneur ou votre ami doit jouer en retour de vos frappes des revers croisés aussi. L'objectif est que vous faite 20 coups retour sans échec et si vous ne réussirez pas à enchaîner vous devez recommencer à zéro, il faut continuer jusqu'à avoir faire 20 coups en retour aux frappes de votre entraîneur. Cette exercice s'effectue souvent en utilisant un lift

75 ENCHAÎNEMET EN DESSUS DU CORDE DE 20 COUPS ALTERNÉS DROITS REVERS EN DESSOUS DE LA LGINE:

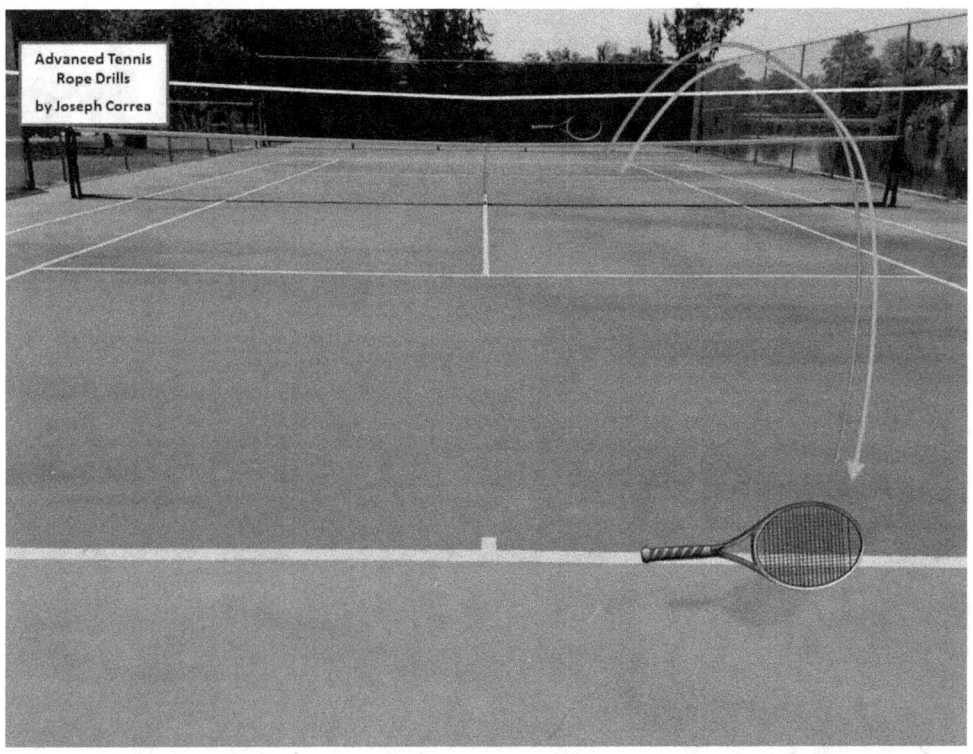

Pour cette exercice vous devez jouer des coups droits en dessus du corde, tout en gardant la balle dedans en dessous de la ligne. Votre entraîneur ou votre ami doit jouer en retour de vos frappes des revers. L'objectif est que vous faite 20 coups retour sans échec et si vous ne réussirez pas à enchaîner vous devez recommencer à zéro, il faut continuer jusqu'à avoir faire 20 coups en retour aux frappes de votre entraîneur. Cette exercice s'effectue souvent en utilisant un lift

76 ENCHAÎNEMET EN DESSUS DU CORDE DE 20 COUPS ALTERNÉS REVERS DROITS EN DESSOUS DE LA LGINE:

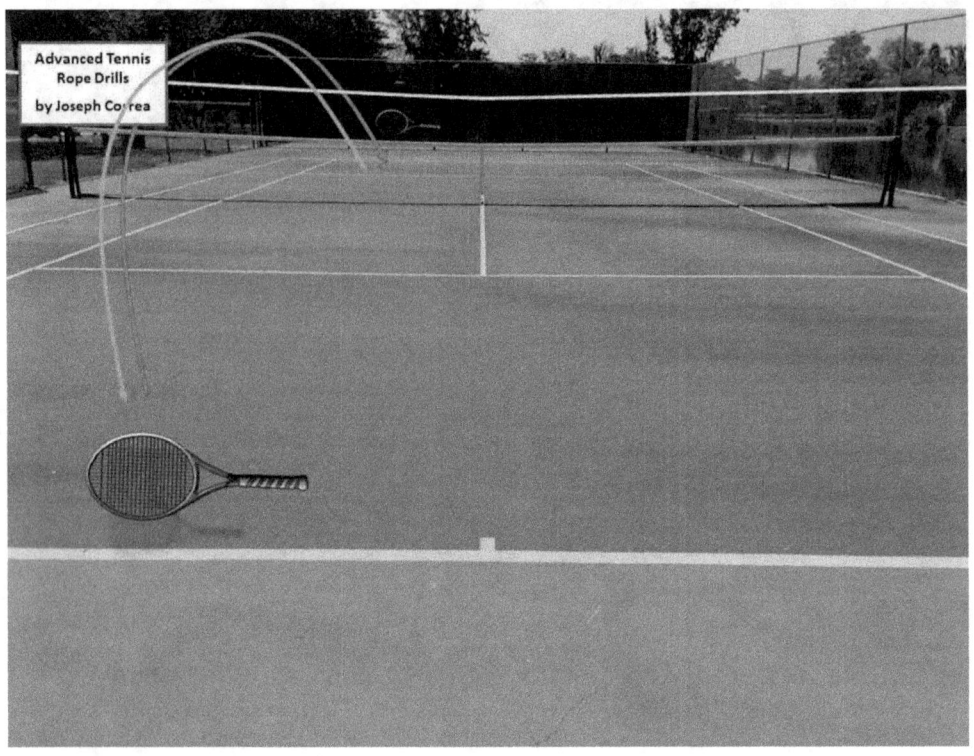

pour cette exercice vous devez jouer des revers en dessus du corde, tout en gardant la balle dedans et en dessous de la ligne. Votre entraîneur ou votre ami doit jouer en retour de vos frappes des coups droits en dessous de la ligne. L'objectif est que vous faite 20 coups retour sans échec et si vous ne réussirez pas à enchaîner vous devez recommencer à zéro, il faut continuer jusqu'à avoir faire 20 coups en retour aux frappes de votre entraîneur. Cette exercice s'effectue souvent en utilisant un lift

77 ENCHAÎNEMET EN DESSUS DU CORDE DE 20 COUPS, UN DES JOUEURS FRAPPE CROISÉ TANDIS QUE L'AUTRE FRAPPES DES COUPS EN DESSOUS DE LA LGINE:

Pour cette exercice vous devez frapper en dessus du corde un coup droit croisé avec lift tout en gardant la balle dedans en retour votre entraîneur frappe en dessous de la ligne sur votre revers et vous retournez un coup croisé vers son revers et par la suite il retourne un revers en dessous de la ligne en votre coup droit et continuez cette séquence. L'objectif est d'atteindre 20 frappes sans échec, chaque frappe compte un coup sinon reprenez à zéro.
Cette exercice s'effectue souvent en utilisant un lift

78 ENCHAÎNEMET EN DESSUS DU CORDE DE 20 COUPS, UN DES JOUEURS FRAPPE EN DESSOUS DE LA LIGNE TANDIS QUE L'AUTRE FRAPPE DES COUPS CROISÉS :

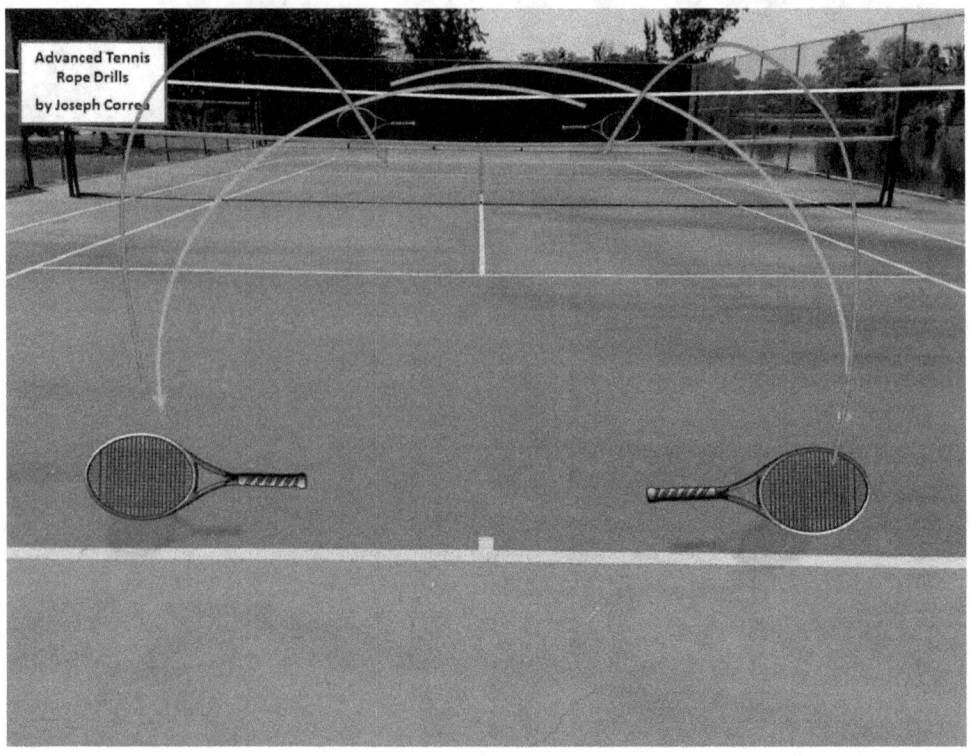

Pour cette exercice vous devez frapper en dessus du corde un coup droit avec lift en dessous de la ligne tout en gardant la balle dedans en retour votre entraîneur frappe coup croisé sur votre revers et vous retournez un coup en dessous de la ligne vers son revers et par la suite il retourne un coup croisé sur votre coup droit. Et continuez cette séquence. l'objectif est d'atteindre 20 frappes sans échec, chaque frappe compte un coup sinon reprenez à zéro.
Cette exercice s'effectue souvent en utilisant un lift

EN DESSOUS DU CORDE

79 ENCHAÎNEMET EN DESSOUS DU CORDE DE 20 COUPS, DROITS CROISÉS SUCCESSIVES:

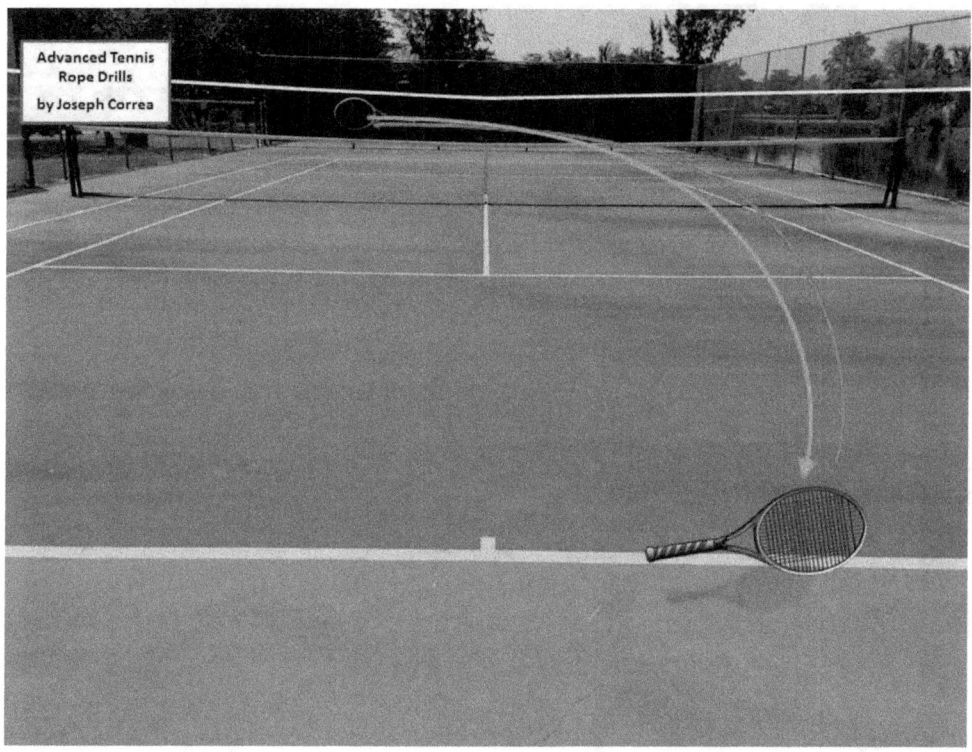

Pour cette exercice vous devez jouer des coups droits croisés en dessous du corde, tout en gardant la balle dedans. votre entraîneur ou votre ami doit jouer en retour de vos frappes des coups droits croisés aussi. L'objectif est que vous faite 20 coups retour sans échec et si vous ne réussirez pas à enchaîner vous devez recommencer à zéro, il faut continuer jusqu'à avoir faire 20 coups en retour aux frappes de votre entraîneur. Cette exercice s'effectue souvent en utilisant un lift

80 ENCHAÎNEMET EN DESSOUS DU CORDE DE 20 COUPS, REVERS CROISÉS SUCCESSIVES :

Pour cette exercice vous devez jouer des revers en dessous du corde, tout en gardant la balle dedans. Votre entraîneur ou votre ami doit jouer en retour de vos frappes des revers croisés aussi. L'objectif est que vous faite 20 coups retour sans échec et si vous ne réussirez pas à enchaîner vous devez recommencer à zéro, il faut continuer jusqu'à avoir faire 20 coups en retour aux frappes de votre entraîneur. Cette exercice s'effectue souvent en utilisant un lift

81 ENCHAÎNEMET EN DESSOUS DU CORDE DE 20 COUPS, UN DES JOUEURS FRAPPE ALTERNÉS EN DESSOUS DE LA LIGNE COUPS DROITS REVERS:

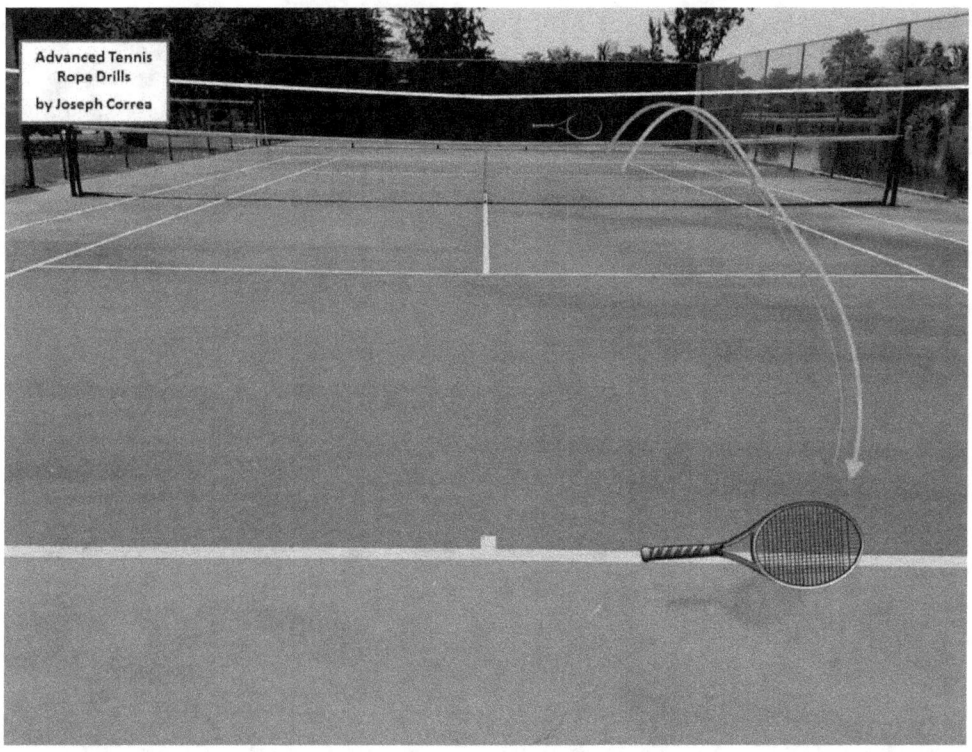

Pour cette exercice vous devez jouer des coups droits en dessous du corde, tout en gardant la balle dedans en dessous de la ligne. Votre entraîneur ou votre ami doit jouer en retour de vos frappes des revers. L'objectif est que vous faite 20 coups retour sans échec et si vous ne réussirez pas à enchaîner vous devez recommencer à zéro, il faut continuer jusqu'à avoir faire 20 coups en retour aux frappes de votre entraîneur. Cette exercice s'effectue souvent en utilisant un lift

82 ENCHAÎNEMET EN DESSOUS DU CORDE DE 20 COUPS, EN DESSOUS DE LA LIGNE ALTERNÉS REVERS COUPS DROITS:

Pour cette exercice vous devez frappez des revers en dessous du corde, tout en gardant la balle dedans et en dessous de la ligne. Votre entraîneur ou votre ami doit jouer en retour de vos frappes des coups droits en dessous de la ligne. L'objectif est que vous faite 20 coups retour sans échec et si vous ne réussirez pas à enchaîner vous devez recommencer à zéro, il faut continuer jusqu'à avoir faire 20 coups en retour aux frappes de votre entraîneur. Cette exercice s'effectue souvent en utilisant un lift

83 ENCHAÎNEMET EN DESSOUS DU CORDE DE 20 COUPS REVERS CROISÉS ET SLICIÉS :

Pour cette exercice vous devez frappez des revers croisés et slicés en dessous du corde. Votre entraîneur ou votre ami doit frappez en retour des coups croisés slicés. L'objectif est que vous faite 20 coups retour sans échec et si vous ne réussirez pas à enchaîner vous devez recommencer à zéro, il faut continuer jusqu'à avoir faire 20 coups en retour aux frappes de votre entraîneur. Cette exercice s'effectue souvent en utilisant un lift

84 ENCHAÎNEMET EN DESSOUS DU CORDE DE 20 COUPS, UN DES JOUEURS FRAPPE CROISÉ TANDIS QUE L'AUTRE FRAPPE DES COUPS EN DESSOUS DE LA LIGNE EN CRÉEANT LA FIGURE 8:

Pour cette exercice vous devez frapper en dessous du corde un coup droit croisé avec lift tout en gardant la balle dedans en retour votre entraîneur frappe en dessous de la ligne sur votre revers et vous retournez un coup croisé vers son revers et par la suite il retourne un revers en dessous de la ligne en votre coup droit et continuez cette séquence. L'objectif est d'atteindre 20 frappes sans échec, chaque frappe compte un coup sinon reprenez à zéro.
Cette exercice s'effectue souvent en utilisant un lift

85 ENCHAÎNEMET EN DESSOUS DU CORDE DE 20 COUPS, UN DES JOUEURS FRAPPE EN DESSOUS DE LA LIGNE TANDIS QUE L'AUTRE FRAPPE DES COUPS CROISÉS EN CRÉANT UN 8:

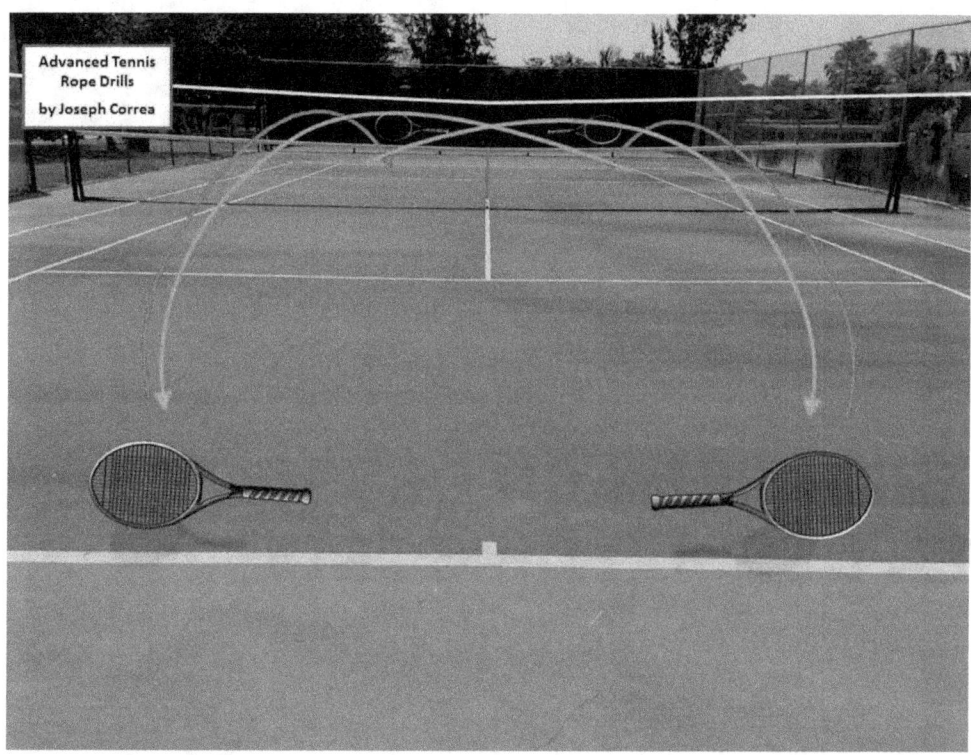

au dessous du corde un coup droit avec lift en dessous de la ligne tout en gardant la balle dedans en retour votre entraîneur frappe coup croisé sur votre revers et vous retournez un coup en dessous de la ligne vers son revers et par la suite il retourne un coup croisé sur votre coup droit et continuez cette séquence. L'objectif est d'atteindre 20 frappes sans échec, chaque frappe compte un coup sinon reprenez à zéro.
Cette exercice s'effectue souvent en utilisant un lift

EXERCICES EN DESSOUS ET EN DESSUS DU CORDE :

86 UN JOUEUR FRAPPE COUPS DROITS EN DESSUS DU CORDE PENDANT QUE L'AUTRE FRAPPE COUPS DROIT CROISÉS EN DESSOUS DU CORDE:

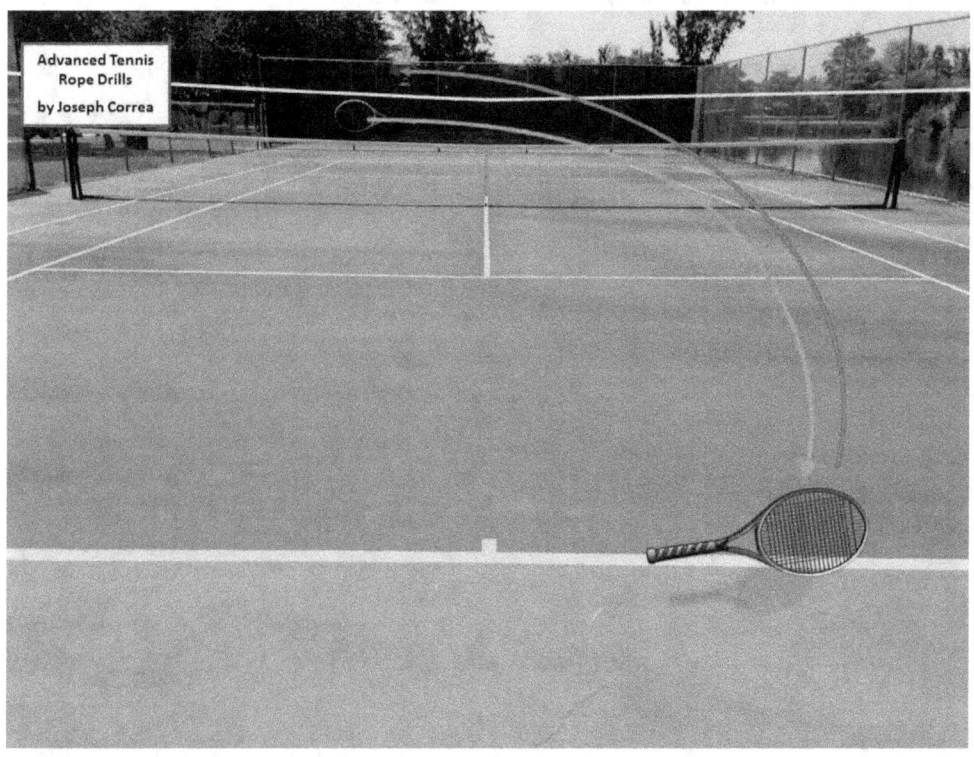

Pour cette exercice vous devez frapper en dessus du corde un coup droit croisé et lifté tout en gardant la balle dedans en retour votre entraîneur frappe coup droit croisé en dessous du corde . L'objectif est d'atteindre 20 frappes sans échec, chaque frappe compte un coup sinon reprenez à zéro.
Cette exercice s'effectue souvent en utilisant un lift

87 UN JOUEUR FRAPPE REVERS EN DESSUS DU CORDE PENDANT QUE L'AUTRE FRAPPE REVERS CROISÉS EN DESSOUS DU CORDE:

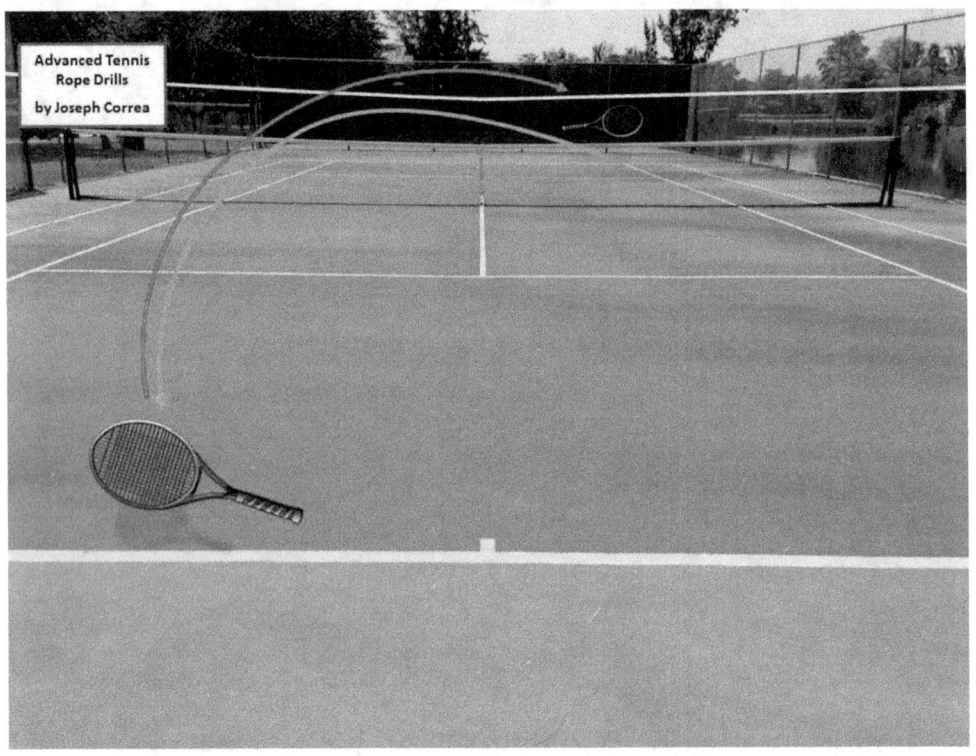

Pour cette exercice vous devez frapper en dessus du corde un revers croisé et lifté tout en gardant la balle dedans en retour votre entraîneur frappe revers croisé en dessous du corde . L'objectif est d'atteindre 20 frappes sans échec, chaque frappe compte un coup sinon reprenez à zéro.
Cette exercice s'effectue souvent en utilisant un lift

88 UN JOUEUR FRAPPE COUPS DROITS EN DESSUS DU CORDE PENDANT QUE L'AUTRE FRAPPE REVERS ENDESSOUS DU CORDE ET EN DESSOUS DE LA LIGNE:

Pour cette exercice vous devez frapper en dessus du corde un coup droit et lifté en dessous de la ligne tout en gardant la balle dedans en retour votre entraîneur frappe revers en dessous du corde et en dessous de la ligne . L'objectif est d'atteindre 20 frappes sans échec, chaque frappe compte un coup sinon reprenez à zéro.
Cette exercice s'effectue souvent en utilisant un lift

89 UN JOUEUR FRAPPE REVERS LIFTÉ EN DESSUS DU CORDE PENDANT QUE L'AUTRE FRAPPE UN COUP DROIT EN DESSOUS DU CORDE ET EN DESSOUS DE LA LIGNE:

Pour cette exercice vous devez frapper en dessus du corde et en dessous de la ligne un revers lifté tout en gardant la balle dedans en retour votre entraîneur frappe coup droit en dessous du corde et en dessous de la ligne . L'objectif est d'atteindre 20 frappes sans échec, chaque frappe compte un coup sinon reprenez à zéro.
Cette exercice s'effectue souvent en utilisant un lift

90 UN JOUEUR FRAPPE REVERS LIFTÉ EN DESSUS DU CORDE PENDANT QUE L'AUTRE FRAPPE UN REVERS CROISÉ ET SLICÉ EN DESSOUS DU CORDE

Pour cette exercice vous devez frapper en dessus du corde un revers croisé tout en gardant la balle dedans en retour votre entraîneur frappe revers slicé en dessous du corde . L'objectif est d'atteindre 20 frappes sans échec, chaque frappe compte un coup sinon reprenez à zéro.
Cette exercice s'effectue souvent en utilisant un lift

91 UN JOUEUR FRAPPE COUP DROIT LIFTÉ EN DESSUS DU CORDE PENDANT QUE L'AUTRE FRAPPE UN COUP DROIT CROISÉ EN DESSOUS DU CRORDE DANS LA ZONE EXTÉRIEUR:

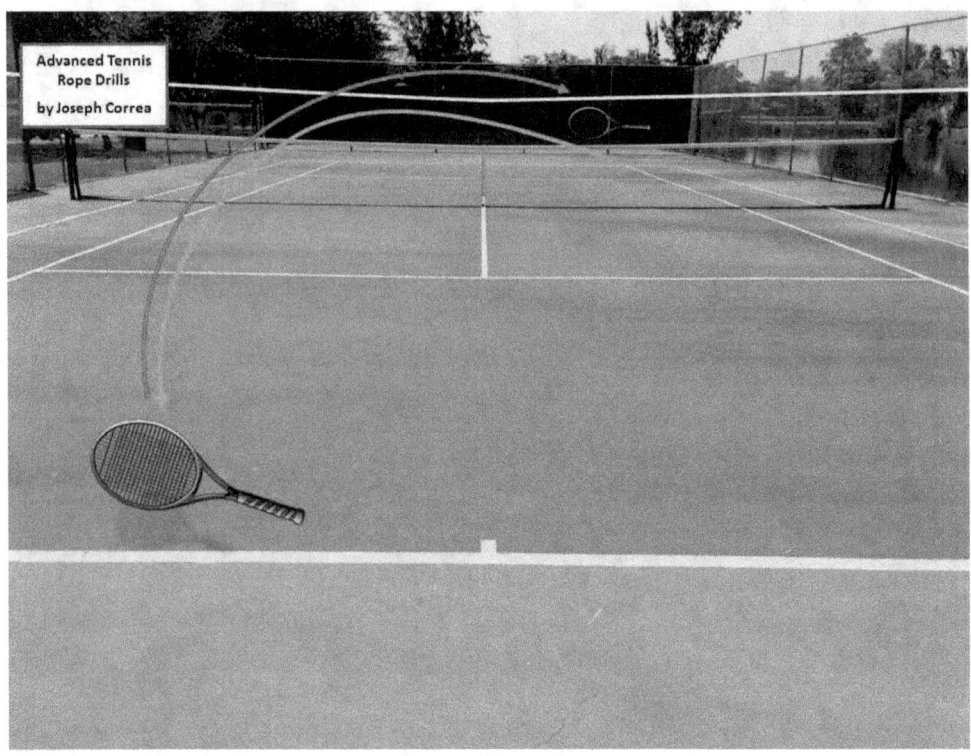

Pour cette exercice vous devez frapper en dessus du corde et en dessous de la ligne un coup droit lifté a partir de votre coté revers tout en gardant la balle dedans, en retour votre entraîneur frappe coup droit en dessous du corde et en dessous de la ligne . L'objectif est d'atteindre 20 frappes sans échec, chaque frappe compte un coup sinon reprenez à zéro.
Cette exercice s'effectue souvent en utilisant un lift

CHAPITRE 8 EXERCICE DE POINTS

92 JUSQU'À 10 POINTS EN DESSUS DE LA CORDE ET SANS SERVICE:

Le vainqueur est celui qui arrive a 10 points en premier et en frappant au dessus de la corde seulement et sans service.

93 JUSQU'À 10 POINTS EN DESSOUS DE LA CORDE ET SANS SERVICE:

Le vainqueur est celui qui arrive a 10 points en premier et en frappant au dessous de la corde seulement et sans service.

94 JUSQU'À 10 POINTS OÙ UN JOUEUR PEUT FRAPPER JUSTE EN DESSUS DU CORDE ET L'AUTRE EN DESSOUS SEULEMENT ET SANS SERVICE:

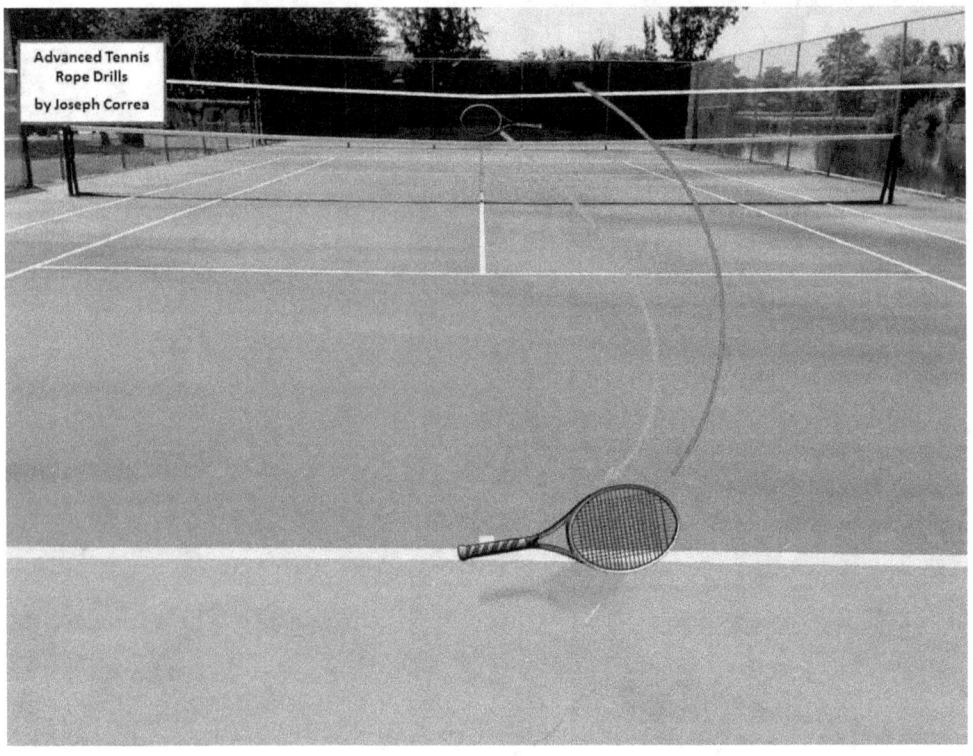

Le vainqueur est celui qui arrive a 10 points en premier en frappant au dessous de la corde pour l' un et en dessus de la corde pour l'autre et sans service.

95 JUSQU'À 10 POINTS AVEC SERVICE ET EN DESSUS DU CORDE (LE SERVICE VA TOUJOURS EN DESSOUS DU CORDE SAUF QUAND VOUS FRAPPEZ LIFTÉ OU UN KICK SERVICE):

Le vainqueur est celui qui arrive a 10 points en premier en frappant seulement au dessus du corde et commençant le jeu avec un service en dessous du corde

96 JUSQU'À 10 POINTS AVEC SERVICE ET EN DESSOUS DU CORDE (LE SERVICE VA TOUJOURS EN DESSOUS DU CORDE SAUF QUAND VOUS FRAPPEZ LIFTÉ OU UN KICK SERVICE):

Le vainqueur est celui qui arrive a 10 points en premier en frappant seulement au dessous du corde et commençant le jeu avec un service en dessous du corde

CHAPITRE 9 EXERCICES DE JEU POINTS NORMALE SANS CORDE

97 JUSQU'À 10 POINTS SANS SERVICES ET SEULEMENT DES COUPS DROITS CROISÉS:

Pour que chacun de vous deux frappe seulement coup droit lancez avec votre main la balle a l'autre joueur sur son coup droit et après jouez le points en coups droits croisés seulement jusqu'à que l un de vous gagne le point lorsque l autre joueur met la balle dans le filet ou bien a l'extérieur. Rappelé vous S V P si l'un ou vous deux gauchies d ajuster vos lancement initial pour bien commencer. Le premier arriver à 10 points gagne et il n'y a pas de différence entre deux point dans cette exercice

98 JUSQU'À 10 POINTS SANS SERVICE ET SEULEMENT DES REVERS CROISÉS:

Pour que chacun de vous deux frappe seulement revers lancez avec votre main la balle a l'autre joueur sur son revers et après jouez le points en revers croisés seulement jusqu'à que l un de vous gagne le point lorsque l autre joueur met la balle dans le filet ou bien a l'extérieur. Rappelé vous S V P si l'un ou vous deux gauchies d ajuster vos lancement initial pour bien commencer. Le premier arriver à 10 points gagne et il n'y a pas de différence entre deux point dans cette exercice

99 JUSQU'À 10 POINTS SANS SERVICE ET SEULEMENT DES REVERS RETOURNER EN COUPS DROITS ET EN DESSOUS DE LA LIGNE:

Lancez avec votre main la balle a l'autre joueur sur son coup droit et après jouez le points en dessous de la ligne seulement jusqu'à que l un de vous gagne le point lorsque l autre joueur met la balle dans le filet ou bien a l'extérieur. Rappelé vous S V P si l'un ou vous deux gauchies d ajuster vos lancement initial pour bien commencer. Le premier arriver à 10 points gagne et il n'y a pas de différence entre deux point dans cette exercice

100 JUSQU'À 10 POINTS SANS SERVICE ET SEULEMENT DES COUPS DROITS RETOURNÉS EN REVERS:

Lancez avec votre main la balle a l'autre joueur sur son revers et après jouez le points en dessous de la ligne seulement jusqu'à que l un de vous gagne le point lorsque l autre joueur met la balle dans le filet ou bien a l'extérieur. Rappelé vous S V P si l'un ou vous deux gauchies d ajuster vos lancement initial pour bien commencer. Le premier arriver à 10 points gagne et il n'y a pas de différence entre deux point dans cette exercice

101 JUSQU'À 10 POINTS AVEC SERVICE ET SEULEMENT DES COUPS DROITS CROISÉS:

Frappez en service la balle en coup droit de l'autre joueur et après jouez le points en coup droit croisé seulement jusqu'à que l un de vous gagne le point lorsque l autre joueur met la balle dans le filet ou bien a l'extérieur. Rappelé vous S V P si l'un ou vous deux gauchies d ajuster vos lancement initial pour bien commencer. Le premier arriver à 10 points gagne et il n'y a pas de différence entre deux point dans cette exercice

102 JUSQU'À 10 POINTS AVEC SERVICE ET SEULEMENT DES REVERS CROISÉS:

Frappez en service la balle en revers de l'autre joueur et après jouez le points en revers croisé seulement jusqu'à que l un de vous gagne le point lorsque l autre joueur met la balle dans le filet ou bien a l'extérieur. Rappelé vous S V P si l'un ou vous deux gauchies d ajuster vos lancement initial pour bien commencer. Le premier arriver à 10 points gagne et il n'y a pas de différence entre deux point dans cette exercice

103 JUSQU'À 10 POINTS AVEC SERVICE ET SEULEMENT REVERS EN COUPS DROITS EN DESSOUS DE LIGNE:

Frappez en service la balle en coup droit de l'autre joueur et après jouez le points en dessous de la ligne seulement jusqu'à que l un de vous gagne le point lorsque l autre joueur met la balle dans le filet ou bien a l'extérieur. Rappelé vous S V P si l'un ou vous deux gauchies d ajuster vos lancement initial pour bien commencer.
Le premier arriver à 10 points gagne et il n'y a pas de différence entre deux point dans cette exercice.

104 JUSQU'À 10 POINTS AVEC SERVICE ET SEULEMENT DES COUPS DROITS EN REVERS ET EN DESSOUS DE LA LIGNE:

 Frappez en service la balle en revers de l'autre joueur et après jouez le points en revers croisé seulement jusqu'à que l un de vous gagne le point lorsque l autre joueur met la balle dans le filet ou bien a l'extérieur. Rappelé vous S V P si l'un ou vous deux gauchies d ajuster vos lancement initial pour bien commencer. Le premier arriver à 10 points gagne et il n'y a pas de différence entre deux point dans cette exercice

105 JUSQU'À 10 POINTS SANS SERVICE OÙ UN JOUEUR FRAPPE SEULEMENT COUPS CROISÉS ET L'AUTRE FRAPPE EN DESSOUS DE LA LIGNE:

 Lancez avec votre main la balle a l'autre joueur sur son coup droit et après jouez le points en coups croisés seulement jusqu'à que l un de vous gagne le point lorsque l autre joueur met la balle dans le filet ou bien a l'extérieur. Rappelé vous S V P si l'un ou vous deux gauchies d ajuster vos lancement initial pour bien commencer. Le premier arriver à 10 points gagne et il n'y a pas de différence entre deux point dans cette exercice

106 JUSQU'À 10 POINTS SANS SERVICE OÙ UN JOUEUR FRAPPE SEULEMENT EN DESSOUS DE LA LIGNE ET L'AUTRE FRAPPE SEULEMENT COUPS CROISÉS:

Lancez avec votre main la balle a l'autre joueur sur son coup droit et après jouez le points en coups croisés seulement jusqu'à que l un de vous gagne le point lorsque l autre joueur met la balle dans le filet ou bien a l'extérieur. Rappelé vous S V P si l'un ou vous deux gauchies d ajuster vos lancement initial pour bien commencer. Le premier arriver à 10 points gagne et il n'y a pas de différence entre deux point dans cette exercice

107 JUSQU'À 10 POINTS AVEC SERVICE OÙ L'UN DES JOUEUR FRAPPE COUPS CROISÉS SEULEMENT ET L'AUTRE JOUEUR FRAPPE EN DESSOUS DE LA LIGNE:

 Frappez en service la balle à l'autre joueur et après jouez le points en coups croisés tandis que votre partenaire joue seulement en dessous de la ligne pour que vous créer une figure 8 jusqu'à que l un de vous gagne le point quand l autre joueur met la balle dans le filet ou bien a l'extérieur. Rappelé vous S V P si l'un ou vous deux gauchies d ajuster vos lancement initial pour bien commencer. Le premier arriver à 10 points gagne et il n'y a pas de différence entre deux point dans cette exercice

108 JUSQU'À 10 POINTS AVEC SERVICE OÙ L'UN DES JOUEURS FRAPPE EN DESSOUS DE LA LIGNE SEULEMENT ET L'AUTRE JOUEUR FRAPPE EN COUPS CROISÉS:

 Frappez en service la balle à l'autre joueur et après jouez le points en dessous de la ligne tandis que votre partenaire joue seulement en coups croisés pour que vous créer une figure 8 jusqu'à que l un de vous gagne le point quand l autre joueur met la balle dans le filet ou bien a l'extérieur. Rappelé vous S V P si l'un ou vous deux gauchies d ajuster vos lancement initial pour bien commencer. Le premier arriver à 10 points gagne et il n'y a pas de différence entre deux point dans cette exercice

109 JUSQU'À 10 POINTS SANS SERVICE SELON UN JEU NORMAL SANS AUCUNE RESTRICTION:

Lancez avec votre main la balle a l'autre joueur et après jouez le points normalement sans aucune restriction jusqu'à que l un de vous gagne le point lorsque l autre joueur met la balle dans le filet ou bien a l'extérieur. Rappelé vous S V P si l'un ou vous deux gauchies d ajuster vos lancement initial pour bien commencer.
Le premier arriver à 10 points gagne et il n'y a pas de différence entre deux point dans cette exercice

110 JUSQU'À 10 POINTS AVEC SERVICE SELON UN JEU NORMAL SANS AUCUNE RESTRICTION:

Frappez la balle en service l'autre joueur et après jouez le points normalement sans aucune restriction jusqu'à que l un de vous gagne le point lorsque l autre joueur met la balle dans le filet ou bien a l'extérieur. Rappelé vous S V P si l'un ou vous deux gauchies d ajuster vos lancement initial pour bien commencer. Le premier arriver à 10 points gagne et il n'y a pas de différence entre deux point dans cette exercice

111 JOUEZ UNE MANCHE COMPLÈTE AVEC SERVICE OÙ VOUS FRAPPEZ SEULEMENT COUPS CROISÉS ET L'AUTRE JOUEUR FRAPPE FRAPPE SEULEMENT EN DESSOUS DE LA LIGNE

112 JOUEZ UNE MANCHE COMPLÈTE AVEC

SERVICE OÙ VOUS FRAPPEZ SEULEMENT EN FRAPPE SEULEMENT COUPS CROISÉ

113   JOUEZ UNE MANCHE COMPLÈTE EN CHOISISSANT LES RESTRICTIONS QUE VOUS DÉSIRER

114   JOUEZ UN MATCH COMPLET EN CHOISISSANT LES RESTRICTIONS QUE VOUS DÉSIRER

Voulez-vous me faire une faveur?
Merci de télécharger et de lire ce livre. J'espère que cela a été utile et au moins une chose qui vous fera gagner un match ou deux de plus.

J'ai une petite faveur à vous demander. Avez-vous l'esprit d'écrire un brief commentaire et votez pour ce livre sur www.amazon.com

J'aime lire tous les commentaires sur mes livres et profiter de savoir ce que les autres pensent de ce livre. Ma meilleure rémunération provient de bons commentaires positifs des amateurs de tennis qui ont bénéficié de la lecture.

Vous pouvez compléter votre avis sur Amazon.com " 12 Secrets de tennis pour gagner plus" par Joseph Correa. Si vous connaissez un membre de la famille ou un ami, que vous pensez bénéficier de la lecture de ce livre, s'il vous plaît prenez une minute pour partager avec eux afin qu'ils puissent améliorer aussi bien leur jeu.

J'aime aider les autres et je voudrais répondre à des questions gratuitement. Vous pouvez me Tweet sur www.twitter.com at @mybetterswing.com
Découvrez quelques-unes de mes autres livres sur la page suivante : www.tennisvideostore.com

Plus de livres par JOSEPH CORREA

1 programme de formation en tennis pour Service plus fort

Ce DVD vous enseignera la manière de servir 10-20 mph plus rapide dans un programme de jour en jour de durée totale de 3 mois. Le meilleur programme de formation en service disposé sur le marché. Le Video comprend un programme de formation en 3 mois avec un manuelle en étape par étape.Le DVD va vous montré comment appliquer les exercices correctement ainsi que le processus que vous devez suivre afin de réussir le programme .

2 Les 33 lois de Tennis

Les 33 lois de Tennis est un livre de qui est plein de concepts précieux pour vous aider à devenir un joueur de tennis de mieux en mieux préparés. Ce livre a été écrit par un joueur de tennis professionnel et entraîneur aux Etats-Unis. C'est un livre très utile qui pourra vous servir lorsque vous y attendez le moins et vous rappellera de nombreux petites, mais importantes choses avant les compétitions .

3 Cardio et jeu des gambe en tennis par Joseph Correa

Être en meilleure forme et améliorer votre mobilité dedans et en dehors du terain de tennis.

L'entrainnement de vos pied permettra d'améliorer considérablement et renforcer non seulement votre coeur mais aussi votre corps.

Un régime est fait pour les athlètes sincères quel que soit

leurs niveau. ils devient plus rapide, plus fort, et plus agile dans le terrain ainsi que de voir une amélioration continue de l'accélération dans leurs coups de fond et services.

4 Yoga Tennis par Joseph Correa

Yoga Tennis par Joseph Correa est un excellent moyen pour améliorer votre souplesse et agilité dans le terrain. Atteindre plus de balles et avoir moins de blessures.C'est un excellent moyen pour gagner plus en travaillant sur une autre qualité de jeu.Le DVD dure environ 30 minutes. Utilisé par les joueurs de tennis amateurs et professionnels pour améliorer leur jeu et persister plus longtemps dans les matches.C'est le meilleur moyen pour qu'un joueur de tennis devient plus flexible et se débarrasser des blessures de genou, épaule , cuisse , mollet , et quadriceps.Vous serez heureux quand vous démarrez !

Il s'agit d'une version révisée de notre MBS Yoga Tennis 2012.

6 Le régime Vilcabamba

Un tres bon livre et exercices d' alimentation pour être en forme mais également vivre plus longtemps. Il est basé sur le mode de vie des gens d'un village en Equateur appelé "Vilcabamba" où la plupart de ses habitants vivent plus longtemps que la moyenne mondiale et qui sont en très bonne forme. Idéal pour les athlètes !

7 Tennis Abs par Joseph Correa

Tennis Abs est un excellent moyen de renforcer votre coeur pour émettre un service plus puissant,des coups droits, des revers ainsi que des volée plus forts.
Avoir la serie ABS est la clé pour un meilleur jeu. Ce DVD

fonctionne sur de nombreux types exercices pour des sit-ups , les abdominaux latéraux et le dos, que vous ne trouverez pas dans d'autres vidéos de musculation. Sentez-vous confiant lorsque vous changez votre chemise ou en frappant la balle plus fort !

www.ingramcontent.com/pod-product-compliance
Lightning Source LLC
Chambersburg PA
CBHW052028070526
44584CB00016B/1952